concentrate on

FRENCH
speaking

FOR GCSE

MICHAEL D. EVANS

SERIES EDITORS:
STEVEN CROSSLAND
AND CAROLINE WOODS

LEICESTERSHIRE LIBS. & INFO. SER.	
0340758422 1 380 05	
Cypher	12.10.01
448.3421	£6.99

Orders: please contact Bookpoint Ltd, 78 Milton Park, Abingdon, Oxon OX14 4TD. Telephone: (44) 01235 827720, Fax: (44) 01235 400454. Lines are open from 9.00–6.00, Monday to Saturday, with a 24 hour message answering service. Email address: orders@bookpoint.co.uk

British Library Cataloguing in Publication Data
A catalogue record for this title is available from The British Library

ISBN 0 340 75842 2

First published 2000
Impression number   10 9 8 7 6 5 4 3 2 1
Year   2005 2004 2003 2002 2001 2000

Copyright © 2000 Michael D. Evans

All rights reserved. No part of this publication may be reproduced or transmitted in any form or by any means, electronic or mechanical, including photocopy, recording, or any information storage and retrieval system, without permission in writing from the publisher or under licence from the Copyright Licensing Agency Limited. Further details of such licences (for reprographic reproduction) may be obtained from the copyright Licensing Agency Limited, of 90 Tottenham Court Road, London W1P 9HE.

Typeset by Wearset, Boldon, Tyne and Wear.
Printed in Great Britain for Hodder & Stoughton Educational, a division of Hodder Headline Plc, 338 Euston Road, London NW1 3BH by JW Arrowsmiths Ltd, Bristol.

CONTENTS

Introduction to the Concentrate on French *series*	v
Introduction to this book	vii
Unit 1 – Myself and Others	1
Unit 2 – At Home	11
Unit 3 – Relaxing	21
Unit 4 – Holidays	31
Unit 5 – Problems	41
Unit 6 – Shopping	51
Unit 7 – Food and Drink	62
Unit 8 – Studying	73
Unit 9 – Work and Future	84
Unit 10 – Special Occasions and Global Issues	95
Answers & Tips	106
Tapescript	150
Progress Monitoring Record	184

Introduction to the Concentrate on French series

The *Concentrate on French* series is designed to provide reinforcement and practice materials in each of the four Modern Language skills – Listening, Speaking, Reading and Writing. The books can be used at any appropriate time in Key Stage 4 and can complement any commercial course or scheme of work.

Within each of the 10 units, exercises are carefully graded to target particular levels of attainment at GCSE as follows:

Section One – GCSE grades G, F and E.
Section Two – GCSE grades D and C
Section Three – GCSE grades B, A and A*.

The exercises are designed to reflect the test types used by GCSE and Scottish Standard Grade examination boards. They can be used by teachers with a whole class or by individual students working at their own speed. To this end, a record sheet is included at the end of the book on which the student can record progress through the exercises.

Mark schemes, hints and model answers are provided at the end of the book.

Notes to the student

As you cover individual topics during your GCSE Modern Languages course or your revision programme, use the exercises in this book to gain further practice. Look at the contents page and select the topic area you wish to practise or revise.

Each unit is divided into three sections according to the level of difficulty; exercises in Section One target GCSE grades G, F and E, Section Two exercises target grades D and C and those in Section Three target grades B, A and A*.

The exercises are designed to resemble those that you might come across in the GCSE examination. Specific instructions on the skill area practised in this book can be found overleaf. When you have attempted the exercises in one part, consult the mark schemes in the Answers & Tips section and find out how well you have done. Keep a record on the progress sheet at the back of the book of those exercises in which you have reached a satisfactory standard. If you were successful on all the exercises in a particular section, try those more difficult exercises in the following section. Read the tips carefully and keep them in mind when you take the examination.

We hope you find this and the other books in the series useful. Good luck!

Introduction to this book

Notes to the Teacher

This book can be used as a revision source or for an end-of-unit speaking assessment. In either case, model answers are given at the end of the book and some variations in correct answers are given to show the scope of possible responses.

The book also represents a resource for the classroom teacher setting work for a non-specialist colleague. Students are able to access each unit of work and revisit a theme, working at their own pace. They can check their answers and listen to the correct pronunciation on tape.

The units can be studied in any order and contain role-plays, presentations and general conversation ideas and questions. Each unit contains these different elements of the GCSE speaking test at three different levels of difficulty. The exercises can be used by students working individually, in pairs or in groups with or without their teacher's supervision.

Notes to the Student

This book will allow revision of all the major themes of the French GCSE Speaking Test. Each unit is self-contained and the units can be studied in any order.

There is an answer and tips section starting on page 106, which will give several possible correct answers to the questions. There is also a tape, which will allow you to listen to the correct pronunciation and intonation in the role-plays, presentations or general conversation topics. The tape contains a selection of the exercises in each unit (marked by the 🎧 symbol in the book).

The mark scheme will give you an idea of the satisfactory mark (👍) and encourage you to try the next level of work. In this part of the book you will also find some tips which will help you respond better the next time you attempt a similar task.

You can work through the role-plays and build your confidence by repeating the correct answers that you hear on the tape.

If you start with the most accessible level of general conversation questions and progress to the more difficult, you can not only build your confidence but also prepare for giving opinions and using different time frames, which the speaking test requires.

Bon courage – et bonne chance!

UNIT 1 MYSELF AND OTHERS

Section One

Exercise 1

You meet your pen-friend for the first time.
You will have to:
- Give your birthday
- Say your Mum's a doctor
- Say your Dad's a postman
- Say you have two brothers
- Say you have a horse

C'est quand ton anniversaire?

Et que fait ta mère dans la vie?

Ah bon? Et ton père, qu'est-ce qu'il fait?

Tu as des frères ou des sœurs?

Et tu as un animal à la maison?

UNIT 1 MYSELF AND OTHERS

Section One

Exercise 2

You are buying a present for your mother. You want to buy two of the items in the box below. Remember to greet the shopkeeper, ask the cost and end the conversation politely.

Exercise 3

You are describing your sister to your French friend.
- Say that she is tall
- Say that she is slim
- Explain that she has curly hair
- Say that she is eight years old

PAGE 150

UNIT 1 MYSELF AND OTHERS

Section One

Presentation 1

A Start with these easy questions:

1 Quel âge as-tu?

2 As-tu des frères ou des sœurs?

3 Comment s'appelle ton père/ta mère?

4 Que fait-il/elle dans la vie?

5 Qui est ton meilleur ami/ta meilleure amie?

6 Peux-tu faire sa description?

It would be good if you could extend your answers to these questions even further.

B The answers to the following questions would give you more information:

1 C'est quand ton anniversaire?

2 Comment s'écrit ton nom/prénom?

3 Quelle est ta couleur préférée?

4 Qu'est-ce que tu aimes boire et manger?

5 Comment est ton père/ta mère de caractère?

PAGE 151

6 Tu t'entends bien avec lui/elle?

7 Où habite ton meilleur ami/ta meilleure amie?

8 Quelle sorte de personne est-il/elle?

PAGE 106

9 Où l'as-tu rencontré(e)?

UNIT 1 MYSELF AND OTHERS

Section Two

Exercise 1

You are talking to your Swiss friend about your best friend. You will need to mention the points given in English below.

– Comment est il/elle?

1 How long his/her hair is

– Il/Elle est de quelle taille?

2 How tall he/she is

– Comment est-il/elle de caractère?

3 Answer the question

!

– Et où l'as-tu rencontré(e)?

4 Say where you met him/her

UNIT 1
MYSELF AND OTHERS
Section Two

Exercise 2

You are buying a present for your sister in France.
You will have to talk to the shop assistant and be able to cope with the unexpected.

1 Say that you would like to buy a present for your sister
2 Respond to the question
3 Say that you bought a CD last year
4 Explain that your sister loves animals
5

– Bonjour, Monsieur/Mademoiselle, vous désirez?

1 Dites ce que vous voulez.

– Oui, Monsieur/Mademoiselle. Elle a quel âge?

2 Répondez à la question.

– Et l'année dernière, qu'est-ce que vous avez acheté?

3 Dites ce que vous avez acheté.

– Qu'est ce qu'elle a comme passe-temps?

4 Expliquez ce qu'elle aime faire.

– Ce livre, peut-être?

5

– Cent francs, Monsieur/Mademoiselle.

UNIT 1 MYSELF AND OTHERS

Section Two

Exercise 3

> You are chatting to a French boy at a disco while on holiday in France.
> You will need to give details as follows:
> - You have come to the disco with your sister
> - Describe your sister's hair and eyes
> - Give details of your sister's job
>
> When you see the symbol ! you will have to respond to something which you have not prepared.
> The other person will be the French boy and will start the conversation.

– Salut! Tu es seul(e)?

● Famille

– Ta sœur? Comment est-elle?

● Description de ta sœur

– Qu'est-ce qu'elle fait? Elle travaille?

● Emploi

– Et qu'est-ce qu'elle a comme passe-temps?

●

UNIT 1 MYSELF AND OTHERS

Section Two

General conversation 2

A Answer the following questions:

1 Que fais-tu le jour de ton anniversaire?

2 Qu'est-ce que tu as fait l'année dernière?

3 Est-ce qu'il y a des disputes à la maison?

4 À quel sujet? Les vêtements? Les sorties? Les ami(e)s?

5 Tu rends souvent visite à tes grands-parents?

6 En quoi consiste une famille idéale?

B Now answer these questions:

1 Qu'est-ce que tu fais normalement le week-end/soir avec tes ami(e)s?

2 Qu'est-ce que tu as fait hier soir?

3 Quelles sont les qualités de ton meilleur ami/ta meilleure amie?

4 Est-ce qu'il/elle a des défauts?

5 Et quelles qualités as-tu?

6 Et as-tu des défauts?

7 Que faisais-tu quand tu étais petit(e)?

8 Le week-end prochain, qu'est-ce que tu vas faire?

PAGE 152

PAGE 107

UNIT 1 MYSELF AND OTHERS

Section Three

Exercice 1

> You arrive at an airport in France but you cannot find your French friend. You go to the information desk and explain your arrangements for meeting and what your French friend will be wearing.
> - Problème
> - Rendez-vous où et quand?
> - Son nom et sa description
>
> The other person will play the part of the employee and will start the conversation.

– Je peux vous aider, Monsieur/Mademoiselle?

(*Your task*: to say that you cannot find your French friend)

– Où et quand aviez-vous rendez-vous?

(*Your task*: to say when and where you arranged to meet)

– Pouvez-vous décrire votre ami(e)?

(*Your task*: to say what your French friend looks like and give his/her name)

– Et savez-vous ce que porte votre ami(e)?

(*Your task*: to say what your French friend is wearing)

– Très bien, Monsieur/Mademoiselle. On va faire un appel. Attendez ici.

PAGE 153

UNIT 1 MYSELF AND OTHERS

Section Three

Exercise 2

You are on an exchange visit to France when you see a notice in town. You think you have seen the young person in question, so you ring the town hall.
You will need to give the following details:

- Où et quand?
- Description de la personne
- Vêtements

AVIS
Jeune fille disparue jeudi dernier

Téléphonez: la Mairie
02 43 06 48 96

– Allô, Mairie de Bouère, je vous écoute.

- Où et quand?

– D'accord, Monsieur/Mademoiselle. Pouvez-vous décrire la jeune fille que vous avez vue?

- Description de la personne

– Très bien. Qu'est-ce qu'elle portait comme vêtements?

- Vêtements

– Je vous remercie, Monsieur/Mademoiselle. Je vais passer ces renseignements à la police.

UNIT 1 — MYSELF AND OTHERS

Section Three

General conversation 3

Answer some or all of the following:

1. As-tu un ami/une amie qui habite à l'étranger?
2. Où habite-t-il/elle?
3. Tu lui rends visite souvent? Pourquoi? Pourquoi pas?
4. As-tu un correspondant/une correspondante à l'étranger?
5. Quels sont les avantages d'avoir un ami/une amie qui habite à l'étranger?
6. Il y a des inconvénients?
7. Tu voudrais te marier plus tard? Pourquoi? Pourquoi pas?
8. Est-ce que tu voudrais avoir des enfants? Combien?
9. Quelles sont les qualités d'un bon parent?
10. Pourquoi ces qualités sont-elles essentielles?
11. Tu vas rester dans la ville où tu habites maintenant?
12. Pourquoi? Pourquoi pas?
13. Où voudrais-tu habiter? Pourquoi?

PAGE 109

UNIT 2 AT HOME

Section One

Exercise 1

You are describing your house to your French pen-friend. You will have to:
- Say it's a big house
- Say there are five bedrooms
- Say you have a small bedroom
- Explain that there is a TV
- Say that you like your room

Elle est comment ta maison?

Et il y a combien de chambres chez toi?

D'accord. Et comment est ta chambre?

Qu'est-ce qu'il y a dans ta chambre?

Et que penses-tu de ta chambre?

UNIT 2 AT HOME

Section One

Exercise 2

You are in a tourist office in France. You want two of the items in the box below. Remember to greet the employee, ask the cost and end the conversation politely.

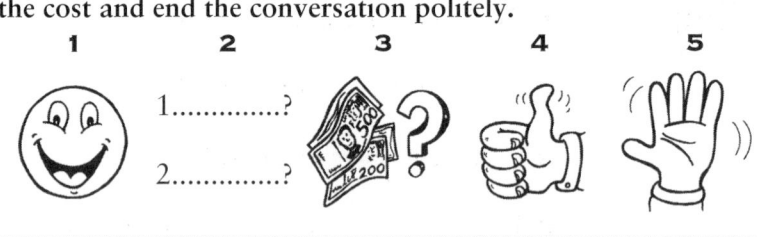

Exercise 3

You are in a tourist office in Belgium and need two of the items of information in the box below. Remember to greet the employee, ask the cost and end the conversation politely.

UNIT 2 AT HOME
Section One

General conversation 1

A To start this section, here are some simple questions. The answers will give basic information about where you live.

1 Tu habites une grande maison?

2 Il y a combien de chambres?

3 Comment est ta chambre?

4 Est-ce que tu as un animal à la maison?

5 Comment est l'animal?

6 Tu habites un quartier calme?

B Once you have answered the above questions, try some of the more difficult ones which follow.

1 Tu aimes habiter ta maison?

2 Qu'est-ce qu'il y a comme pièces chez toi?

3 Qu'est-ce qu'il y a dans ton jardin?

4 Qui travaille dans le jardin?

5 Tu ranges ta chambre?/Tu fais la vaisselle?

6 Tu aimes ton quartier?

7 Qu'est-ce que tu fais le matin?

8 Qu'est-ce que tu fais le soir?

9 À quelle heure vas-tu au lit?

UNIT 2 AT HOME

Section Two

Exercise 1

This time you're in Switzerland and you are talking to a friend about how you earn some extra pocket money. The details of your situation are given below in English.

- You help your parents at home
- You do the washing-up during the week
- You earn £5 per week

When you see the symbol ❗ you will have to respond to something which you have not prepared.
The teacher will play the part of the friend and will speak first.

– Que fais-tu pour avoir de l'argent de poche?

● Maison

– Et qu'est-ce que tu fais exactement?

● Travail

– Tes parents te paient?

● Argent de poche

– Que fais-tu de ton argent?

● ❗

– Ça, c'est bien.

UNIT 2 AT HOME
Section Two

Exercise 2

You are in a tourist office in France.
You will need to mention the items in the boxes to the person in charge.

– Vous désirez, Monsieur/Mademoiselle?

1 You need one of these pieces of information

 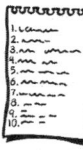   

– Bien sûr – servez-vous!

2 Ask if there is one of these places in the town

– Oui, oui. Vous êtes ici pour combien de temps?

3 Answer the question

– Qu'est-ce que vous allez faire demain?

4 Say what you are going to do tomorrow

UNIT 2 AT HOME

Section Two

Exercice 3

You are talking to a French friend about your normal daily routine at home.
1. Say that you get up at 7 am
2. Explain that you prepare breakfast
3. Say that you leave the house at 8 am
4. Reply to your friend's question
5.

– Alors, qu'est-ce que tu fais normalement?

1 Dites à quelle heure vous vous levez.

– Et après, que fais-tu?

2 Expliquez que vous préparez le petit déjeuner.

– Et à quelle heure est-ce que tu pars?

3 Dites l'heure du départ.

– Comment vas-tu à l'école?

4 Répondez à la question de votre ami(e).

– Comment as-tu aidé à la maison hier?

5

PAGE 154

UNIT 2 AT HOME
Section Two

 Presentation 2

A Look back to the last General Conversation section before you attempt the following questions, which are more open-ended in nature.

1 Fais une description de ta maison/ton quartier.

2 Tu y habites depuis combien d'années?

3 C'est une maison typique de la région?

4 Qu'est-ce que tu as fait hier pour aider chez toi?

5 Qui a préparé le dîner hier soir?

6 Qu'est-ce que tu feras ce soir?

B Now answer these questions:

1 Où habitais-tu avant?

2 Quelle maison préfères-tu?

3 Tu aimes ton quartier?

4 Quels sont les avantages/les inconvénients de ton quartier?

5 Où préférerais-tu habiter?

6 Quels sont les avantages/les inconvénients d'une grande ville?

7 Voudrais-tu habiter seul(e)?

8 Pourquoi? Pourquoi pas?

 PAGE 155

 PAGE 111

17

UNIT 2 AT HOME
Section Three

Exercise 1

In this role-play, you are visiting your French pen-friend for the first time. The pictures below take you through the beginning of the holiday last year, and to when you exchanged information about yourself and where you live.

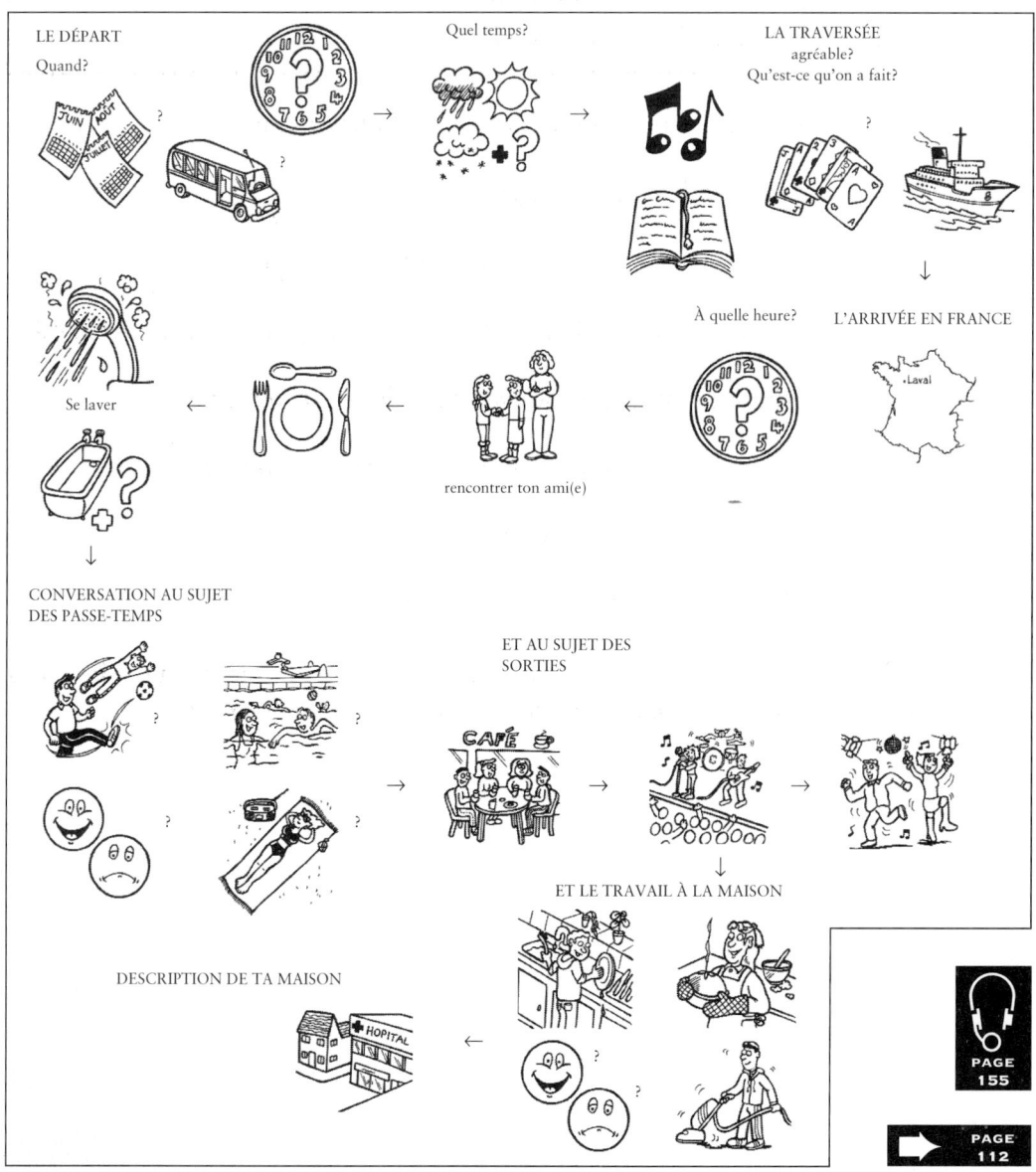

UNIT 2 AT HOME
Section Three

Exercise 2

While staying with a French friend, you go into town and unfortunately get lost. You explain the situation to a *gendarme*.
- Problème
- Quartier où vous logez
- Description de la maison

– Je peux vous aider, Monsieur/Mademoiselle?

(*Your task*: to say that you have got lost)

– Et où logez-vous en ce moment?

(*Your task*: to explain that you are staying with a French friend)

– Pour commencer, pouvez-vous décrire le quartier?

(*Your task*: to describe the area where the house is)

– Et la maison elle-même?

(*Your task*: to describe the house)

– Si vous continuez tout droit et prenez la troisième à droite, vous allez reconnaître le quartier, Monsieur/Mademoiselle.

UNIT 2 AT HOME

Section Three

General conversation 3

Answer these questions, trying to expand as much as possible on your answers.

1 Comment serait ta maison idéale?

2 Où se trouverait cette maison? Pourquoi?

3 Serait-il important d'habiter près de tes parents? Pourquoi?/Pourquoi pas?

4 Serait-il important d'habiter près d'une école?

5 Serait-il important d'habiter près des magasins?

6 Quels sont les avantages et les inconvénients d'habiter à la campagne?

7 Qui fait les tâches ménagères chez toi?

8 Qui fait le plus? C'est juste?

9 Tu auras donc des enfants?

10 Est-ce que c'est important pour les enfants d'aider à la maison?

PAGE 156

PAGE 113

UNIT 3 RELAXING

Section One

Exercice 1

You are talking about your hobbies to a French friend.
You will have to:
- Say that you like reading
- Say you like watching television
- Say you play football
- Explain that you play the guitar
- Say you go horse-riding

Qu'est-ce que tu fais pendant ton temps libre?

Oui, et qu'est-ce que tu fais le soir à la maison?

D'accord. Et tu joues au tennis peut-être?

Tu aimes la musique?

Tu fais quelque chose de différent le week-end?

UNIT 3 RELAXING

Section One

Exercise 2

You are in a sports centre in France. You want to play two of the sports in the box below. Remember to greet the employee, ask the cost and end the conversation politely.

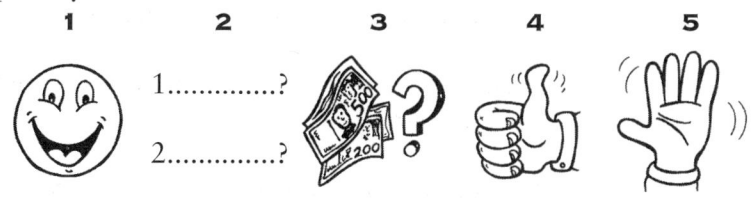

Exercise 3

You are talking to a friend in Belgium and need to know the admission price of two places in the box below. Remember to greet your friend, ask the cost and end the conversation politely.

UNIT 3 RELAXING
Section One

General conversation 1

A The following questions will give you the basic information in this unit:

1 Quelle sorte de musique aimes-tu?

2 Quels sports préfères-tu?

3 Tu regardes la télévision?

4 Quels films préfères-tu?

5 Quels sont tes passe-temps?

B These questions will help you focus on particular aspects of your free-time activities:

1 Quel est ton passe-temps préféré? Pourquoi?

2 Quel est ton sport favori?

3 Tu le fais combien de fois par semaine?

4 Tu fais partie d'une équipe?

5 Tu joues d'un instrument de musique?

6 Est-ce que tu as un groupe ou un chanteur/une chanteuse préféré(e)?

7 Tu as vu ton groupe préféré en concert?

8 Tu préfères être actif/active ou tranquille?

9 Quelle est ton émission de télévision préférée?

PAGE 157

PAGE 114

UNIT 3 RELAXING

Section Two

Exercise 1

You are talking to a French friend about your hobbies.
1 Say that you play a sport at the weekend
2 Explain that you normally play in a team
3 Say that you do your homework first
4 Reply to your friend's question
5

– Alors, qu'est-ce que tu fais normalement le week-end?

1 Dites ce que vous faites.

– Et avec qui est-ce que tu joues?

2 Expliquez avec qui vous jouez.

– Et quand fais-tu tes devoirs?

3 Dites quand vous faites vos devoirs.

– Et tu joues combien d'heures par semaine?

4 Répondez à la question de l'ami(e).

– Qu'est-ce que tu as fait le week-end dernier?

5

PAGE 157

24

UNIT 3 RELAXING

Section Two

Exercice 2

You are arranging an evening out with a friend in France. Use the details given below in English to discuss your arrangements.

- Suggest going to a football match
- Tell your friend where and when you will meet
- Say you are going to the café afterwards

When you see this **!** you will have to respond to something which you have not prepared.
Your teacher will play the part of the friend and will speak first.

– Qu'est-ce que tu voudrais faire ce soir?

● Football

– On se rencontre où?

● Rendez-vous

– Et à quelle heure?

● **!**

– Qu'est ce qu'on va faire après?

● Café

– D'accord.

UNIT 3 RELAXING

Section Two

Exercise 3

During a visit to a Swiss friend's house, you discuss plans for an evening out. Answer your friend's questions using points 1-4 in the boxes:

– Qu'est-ce qu'on fait ce soir?

1 Ask what is on television

– Pas grand-chose ce soir!

2 Say what you like to do

– Quelle sorte de film/pièce préfères-tu?

3 Answer the question

!

– Alors, on va y aller!

4 Ask what time it starts

– À neuf heures! Dépêche-toi!

UNIT 3 RELAXING

Section Two

General conversation 2

A Use these questions to expand your answers:

1 Que fais-tu le samedi normalement?

2 Et le dimanche?

3 Samedi dernier, qu'est-ce que tu as fait?

4 Et dimanche dernier?

5 As-tu jamais assisté à un concert de musique?

6 C'était quel groupe? Comment était la musique?

7 Quel groupe ou chanteur/chanteuse voudrais-tu voir?

8 Le week-end prochain, qu'est-ce que tu voudrais faire?

B Now answer the following questions:

1 Qu'est-ce que tu as vu à la télévision hier soir?

2 C'était quelle sorte d'émission?

3 Qui était ton personnage préféré? Pourquoi?

4 Qu'est-ce qui s'est passé pendant l'émission?

5 Quels sports as-tu pratiqués quand tu étais plus petit(e)?

6 Pourquoi les aimais-tu?

7 Est-ce qu'il y a d'autres sports que tu voudrais essayer?

8 Pourquoi? Pourquoi pas?

PAGE 115

UNIT 3 RELAXING

Section Three

Exercise 1

On an exchange visit to Château-Gontier in France, you and your exchange partner are deciding what to do.
- Visites – détails?
- Achats que tu voudrais faire
- Activités en ville

Château-Gontier en Mayenne

Ville d'Art à 2 heures de Paris
Monuments – Musées – Belles Cathédrales
Activités Touristiques
Ville Commerçante
Ville Fleurie

– Qu'est ce que tu voudrais faire?

- Visites – détails?

– Qu'est-ce que tu voudrais acheter?

- Achats

– Et que voudrais-tu faire ce soir?

- Activités

PAGE 158

UNIT 3 RELAXING

Section Three

Exercise 2

> While your French pen-friend is in England, you discuss what there is to do in the area and you also talk about a recent concert.
> - Détails des activités
> - Concert ou théâtre
> - Sorte de concert et avis
>
> Your teacher will play the part of your pen-friend and will speak first.

– Alors, qu'est-ce qu'il y a à faire ici?

(*Your task*: to give three activities, but not concerts or theatre)

– Vas-tu souvent au théâtre ou voir un concert?

(*Your task*: to say that you went to a concert recently)

– C'était quelle sorte de concert?

(*Your task*: to say what sort of concert it was and give your opinion)

– Comment es-tu rentré(e) et à quelle heure?

(*Your task*: to say how you arrived back home and at what time)

UNIT 3 RELAXING

Section Three

Presentation 3

Use the notes which follow to develop and expand your answers.

Au passé

Je suis allé(e)	à Londres au cinéma en France	J'ai fait	du sport du vélo de la natation le ménage
J'ai vu	un film un match de foot		
J'ai écouté	des cassettes de la musique	Je suis sorti(e)	avec des amis au théâtre en ville
		J'ai lu J'ai gagné	un magazine un concours

Au futur

Je lirai	un livre	J'irai	au cinéma à la piscine aux magasins
Je regarderai	un film un match de football la télévision	Je sortirai	avec des amis
Je ferai	de la natation de l'équitation mes devoirs		

UNIT 4 HOLIDAYS

Section One

Exercise 1

You arrive at a hotel in France. You will have to:
- Ask if there is a room free
- Say it's for two people
- Say it's for three nights
- Ask for a room with shower
- Ask the price

Oui, c'est pour combien de personnes?

D'accord. Et pour combien de temps?

Vous voulez quelle sorte de chambre?

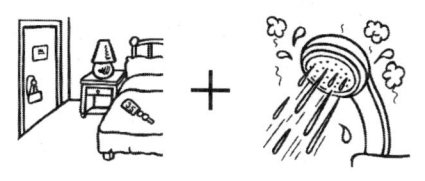

C'est tout à fait possible, Monsieur/Mademoiselle.

UNIT 4 HOLIDAYS

Section One

Exercise 2

You are in a hotel in France.
- You want a room
- You want a room with a bath
- You need to find out the cost
- You need to find out what time breakfast is

Oui, monsieur/mademoiselle.

Il y a une douche dans toutes les chambres.

C'est trois cents francs par chambre.

De sept heures à dix heures.

UNIT 4 HOLIDAYS

Section One

Exercise 3

You are in a Youth Hostel in Belgium.
- You want to stay for four nights
- There are four adults
- Ask the cost
- Ask where the dormitories are

Il y a de la place en ce moment.

Pas de problème, Monsieur/Mademoiselle.

C'est deux cents francs par personne.

Au fond du couloir, à gauche.

UNIT 4 HOLIDAYS

Section One

Presentation and discussion 1

A You might want to talk about where you normally go on holiday. Try matching the French and the English to get a starting point for your presentation.

1 Où vas-tu en vacances?
2 Comment y vas-tu?
3 Avec qui vas-tu en vacances?
4 Combien de temps y passes-tu?
5 Que fais-tu en vacances?
6 Qu'est-ce qu'il y a à faire?

a How long do you stay?
b Where do you go on holiday?
c What is there to do?
d What do you do on holiday?
e How do you go (on holiday)?
f Who do you go with on holiday?

Once you put some French answers to the questions, you will get a series of short sentences like this:

Je vais en vacances en France. Normalement je vais en voiture, avec ma famille. Je reste deux semaines et d'habitude je joue sur la plage et je nage dans la mer. Il y a des bars et des boîtes de nuit pour sortir le soir.

PAGE 160

B Build on these answers for your Presentation.
1 Que fais-tu sur la plage?
2 Tu aimes jouer au volleyball/football?
3 Qu'est-ce que tu manges normalement?
4 Tu aimes prendre un bain de soleil?
5 Qu'est-ce que tu aimes visiter?
6 Tu préfères la France ou l'Angleterre?
7 Où es-tu allé(e) en vacances l'année dernière?
8 Comment as-tu voyagé?
9 Quel temps faisait-il?

PAGE 118

UNIT 4 HOLIDAYS

Section Two

Exercise 1

You arrive at a hotel in France.
1. Say that you have made a reservation
2. Give two details of the room required (number of people? shower? TV?)
3. Respond to the receptionist's question
4. Ask for another detail about the hotel (swimming pool? lift?)
5.

– Bonjour, Monsieur/Mademoiselle. Vous désirez?

1 Dites que vous avez fait une réservation.

– C'est quelle sorte de chambre, Monsieur/Mademoiselle?

2 Donnez deux détails de la chambre.

– Et vous restez combien de temps?

3 Répondez à la question du/de la réceptionniste.

– Vous voulez d'autres renseignements?

4 Demandez un autre renseignement au sujet de l'hôtel.

– Oui, bien sûr. Il y a autre chose, Monsieur/Mademoiselle?

5

– On ferme la grande porte à minuit. N'oubliez pas votre clé!

UNIT 4 HOLIDAYS
Section Two

Exercise 2

This time you're in France and you have arrived at a hotel. The details of your situation are given below in English.

- There are two adults and two children
- Say that you are going to stay for a week
- Ask whether there is a shower or a bath in the room

When you see this **!** you will have to respond to something which you have not prepared.
Your teacher will play the part of the receptionist and will speak first.

– Bonjour, Monsieur/Mademoiselle. Vous êtes combien de personnes?

- Détails de votre groupe

– Et les enfants, ils ont quel âge?

- **!**

– D'accord, et vous restez combien de temps?

- Combien de temps

– Sans problème.

- Salle d'eau?

– Il y a une douche dans toutes les chambres.

PAGE 161

→ PAGE 119

36

UNIT 4 HOLIDAYS

Section Two

General conversation 2

Here are a few prompts to start you thinking about how to tackle this section of the topic.

1 Où est-ce que tu iras cette année?

2 Iras-tu avec tes parents? Pourquoi pas?

3 Quel temps fera-t-il?

4 Est-ce que tu voudrais aller en Amérique?

5 Qu'est-ce que tu feras en Amérique?

6 Est-ce qu'il y a d'autres pays que tu voudrais visiter? Pourquoi?

7 Si tu gagnais à la Loterie, où irais-tu en vacances?

8 Avec qui irais-tu?

9 Quelles seraient tes vacances idéales? Pourquoi?

PAGE 162

UNIT 4 HOLIDAYS
Section Three

Exercise 1

This story took place last year, so you'll be using the past tenses. You will need to follow the arrows to tell the story in the correct sequence.

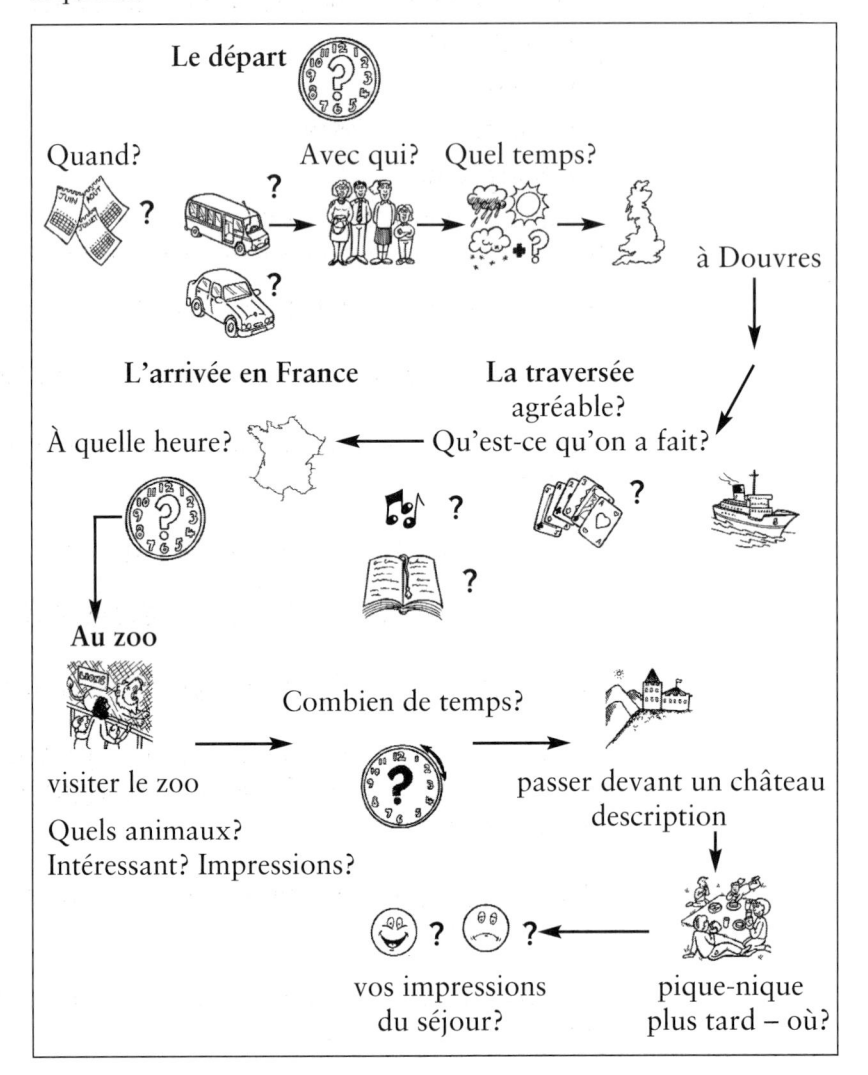

Le départ

Quand? Avec qui? Quel temps?

à Douvres

L'arrivée en France   **La traversée agréable?**

À quelle heure?   Qu'est-ce qu'on a fait?

Au zoo

visiter le zoo   Combien de temps?

Quels animaux?
Intéressant? Impressions?   passer devant un château
                                    description

vos impressions   pique-nique
du séjour?   plus tard – où?

PAGE 163

PAGE 121

38

UNIT 4 HOLIDAYS
Section Three

Exercice 2

You have been delayed on the way to your hotel in France and you telephone to let them know that you will be late. You also want to know whether the restaurant will still be open when you arrive.

- Retard
- Raison pour le retard
- Restaurant

The receptionist will speak first.

– Allô, Hôtel de la Gare, je vous écoute.

(*Your task:* to explain that you are going to be late)

– D'accord, Monsieur/Mademoiselle. Pourquoi avez-vous du retard?

(*Your task:* to give a reason for arriving late)

– Ne vous inquiétez pas, Monsieur/Mademoiselle.

(*Your task:* to ask if the restaurant will be open when you arrive)

– Non, Monsieur/Mademoiselle, mais on peut toujours vous préparer quelque chose. Comment vous appelez-vous et à quelle heure allez-vous arriver?

(*Your task:* to give your name, spell it and say what time you hope to arrive)

– D'accord, Monsieur/Mademoiselle. On vous préparera un repas froid pour votre arrivée.

UNIT 4 HOLIDAYS
Section Three

General conversation 3

A You might have chosen to present a school exchange trip you took part in. Here are a few starter questions:

1 Où es-tu allé(e)?

2 Comment était la famille? Tu t'entendais bien avec ton/ta corres? Pourquoi? Pourquoi pas? Aimait-il/elle autre chose que toi?

3 Qu'est-ce que tu as fait pendant l'échange? Ces activités t'ont plu? Pourquoi? Pourquoi pas?

4 Comment était la nourriture? Tu l'as aimée? Pourquoi? Pourquoi pas?

5 Préfères-tu la cuisine anglaise ou française? Pourquoi? Pourquoi pas?

6 Tu vas y retourner l'année prochaine/plus tard? Pourquoi? Pourquoi pas?

➡ PAGE 122

B You could re-use some of the previous material, such as:

1 Si tu gagnais à la Loterie Nationale, où irais-tu en vacances?

2 Avec ou sans tes parents? Pourquoi?

3 Quelles seraient tes vacances idéales? Pourquoi?

UNIT 5 PROBLEMS

Section One

Exercise 1

You are in a chemist's in France. You will have to:
- Say you have a stomach-ache
- Say for two days
- Ask for aspirin
- Ask the price
- Say thank you

Oui, depuis combien de jours?

D'accord. Et vous voulez autre chose?

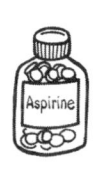

Et voilà, Monsieur/Mademoiselle.

C'est trente francs, Monsieur/Mademoiselle.

UNIT 5 PROBLEMS

Section One

Exercise 2

You are on holiday in France and you feel unwell.
- Say you have a headache
- You would like some aspirin
- You want to know the cost
- Say goodbye to the chemist

Et qu'est-ce que vous voulez, Monsieur/Mademoiselle?

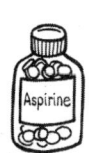

Voilà.

Cela vous fait vingt francs, Monsieur/Mademoiselle.

Au revoir, Monsieur/Madmeoiselle

PAGE 164

UNIT 5 PROBLEMS

Section One

Exercise 3

You are in a chemist's in France. You want two of the items in the box below. Remember to greet the chemist, ask the cost and end the conversation politely.

1   2   3   4   5

General conversation 1

Here are some questions and answers related to basic problems. Match the questions to the answers below.

1 Où sont les toilettes?
2 Je suis perdu. Qu'est-ce que je dois faire?
3 Est-ce que tu parles anglais?
4 Quand est-ce que le magasin est ouvert?
5 Où est-ce que tu as mal?
6 J'ai perdu ma valise. Que faire?
7 Vous avez de l'essence?
8 Où est la banque?

a J'ai mal à la tête.
b Tu vas au bureau des objets trouvés.
c La banque est au centre-ville.
d Non, mais la station-service est à 100 mètres.
e Les toilettes sont au sous-sol.
f Le magasin est ouvert à neuf heures.
g Non, mais mon frère le parle.
h Il faut aller au commissariat de police.

UNIT 5 PROBLEMS

Section Two

Exercise 1

You do not feel well and you go to the doctor's in France.
1. Say that you have been sick
2. Give two of your symptoms (fever? headache? stomach-ache?)
3. Answer the doctor's question
4. Ask if it is serious
5.

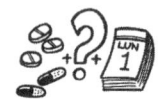

– Bonjour, Monsieur/Mademoiselle. Qu'est-ce qui ne va pas?

1 Dites pourquoi vous êtes chez le médecin.

– Et quels sont vos symptômes?

2 Expliquez vos symptômes – donnez deux détails.

– Et depuis combien de temps vous sentez-vous malade?

3 Répondez à la question du médecin.

– D'accord.

4 Demandez son avis.

– Je pense que je vais vous donner des comprimés.

5

– Trois pas jour, Monsieur/Mademoiselle.

UNIT 5 PROBLEMS

Section Two

Exercise 2

You are talking to a doctor in France.
The details of your situation are given below in English.
- Say that you have sunburn
- Say that you have a headache and have been sick
- Ask how much you have to drink

When you see this **!** you will have to respond to something which you have not prepared.
Your teacher will play the part of the doctor and will speak first.

– Qu'est-ce qui ne va pas, Monsieur/Mademoiselle?

- Soleil

– Quels sont vos symptômes?

- Vomir

– Et depuis combien de jours?

- !

– Il faut vous reposer et boire beaucoup.

- Boissons

– Deux ou trois litres d'eau par jour.

45

UNIT 5 PROBLEMS

Section Two

Exercise 3

> You are in a lost property office in France.
> You will need to mention the points in the boxes below:

– Je peux vous aider, Monsieur/Mademoiselle?

1 What you have lost

– Oui, et où exactement?

2 Where you lost the object

– Vous pouvez m'en faire une description?

3 Answer the question

!

– Je vais regarder ... Non, il n'y a rien comme ça en ce moment.

4 Ask when you must come back

PAGE 165

46

UNIT 5 PROBLEMS

Section Two

General conversation 2

A Answer the following questions:

1 Est-ce que tu bois beaucoup de café?

2 Tu manges d'une façon équilibrée?

3 Qu'est-ce qui est bon à manger pour les dents?

4 Qu'est-ce qui est bon à boire pour les dents?

5 Tu vas souvent chez le dentiste?

6 Quand es-tu allé(e) chez le dentiste pour la dernière fois?

7 Quand es-tu allé(e) chez le médecin pour la dernière fois?

8 Quand es-tu allé(e) à l'hôpital pour la dernière fois?

B Now answer these questions:

1 Quand est-ce que tu irais chez le médecin?

2 Quand est-ce que tu irais chez le dentiste?

3 Pourquoi est-ce que tu irais à la pharmacie?

4 Qu'est-ce que tu ferais si tu voyais un accident?

5 Qu'est-ce que tu ferais s'il y avait un incendie chez toi?

PAGE 165

PAGE 124

UNIT 5 PROBLEMS

Section Three

Exercise 1

During a family holiday in France, you develop tooth-ache and have to go to the dentist's.
- Rendez-vous?
- Problème
- Détails personnels

André Lamarre
dentiste

19 Place du Bout du Monde
53200 Château-Gontier

– Oui, Monsieur/Mademoiselle?

- Rendez-vous

– Vous pouvez voir le dentiste à quinze heures. Quel est le problème?

- Problème

– Quand est-ce que le problème a commencé?

- Répondez à la question

– Je peux prendre des détails personnels?

- Détails personnels (donnez au moins deux)

– Alors, très bien, à quinze heures.

UNIT 5 PROBLEMS

Section Three

Exercise 2

You go to a lost property office after losing your overnight bag. Your teacher will play the part of the employee and will speak first.
- Objet perdu
- Description
- Où et quand

– Je peux vous aider, Monsieur/Mademoiselle?

(*Your task:* to say what you have lost)

– Vous pouvez décrire le sac et le contenu?

(*Your task:* to describe the bag and the contents)

– D'accord. Où l'avez-vous vu pour la dernière fois?

(*Your task:* to say when and where you last saw the bag)

– Vous pouvez me donner quelques détails personnels?

(*Your task:* to give your name, spell it and give your address)

– Je vais vous contacter si on trouve votre sac.

UNIT 5 PROBLEMS
Section Three

General conversation 3

A Answer the following questions:

1 Quels sont les problèmes médicaux pour les fumeurs?

2 Est-ce qu'il y a d'autres inconvénients pour les fumeurs?

3 Quels sont les problèmes médicaux pour les buveurs?

4 Est-ce qu'il y a des avantages de boire de l'alcool?

5 Quels sont les inconvénients des drogues?

6 Est-ce qu'on peut trouver des avantages?

7 Pourquoi est-ce qu'on mange les légumes?

8 Et les fruits?

9 Pourquoi est-ce qu'un régime équilibré est important?

B Now answer these questions:

1 Quels sont les avantages de l'exercice physique?

2 Y a-t-il des inconvénients?

3 Comment peut-on faire de l'exercice physique sans faire un sport d'équipe?

4 Pour un sportif, qu'est-ce qu'il faut manger?

5 Les personnes âgées peuvent pratiquer quels sports?

PAGE 166

PAGE 125

UNIT 6 SHOPPING

Section One

Exercise 1

You are in a tourist office in France. You will have to:
- Ask for a map of the town
- Ask if there is a bank
- Ask when it is open
- Ask for directions
- Ask if there is a car park

Oui, et voilà votre plan, Monsieur/Mademoiselle.

Oui, il y a une banque.

Ça ouvre à partir de neuf heures, Monsieur/Mademoiselle.

Vous continuez tout droit, Monsieur/Mademoiselle.

Oui, il y a un parking gratuit.

PAGE 167

UNIT 6 SHOPPING

Section One

Exercise 2

You are in a *bureau de tabac* in France.
- Ask for two postcards
- Ask for stamps
- Say that you would like stamps for England
- Ask where the post box is

Qu'est-ce que vous désirez, Monsieur/Mademoiselle?

Voilà. Voulez-vous autre chose?

Oui. C'est pour quel pays, Monsieur/Mademoiselle?

Ça fait 15 francs. Voulez-vous d'autres renseignements?

PAGE 167

52

UNIT 6 SHOPPING
Section One

Exercise 3

You are in a clothes shop in France. You want two of the items in the box below. Remember to greet the employee, ask the cost and end the conversation politely.

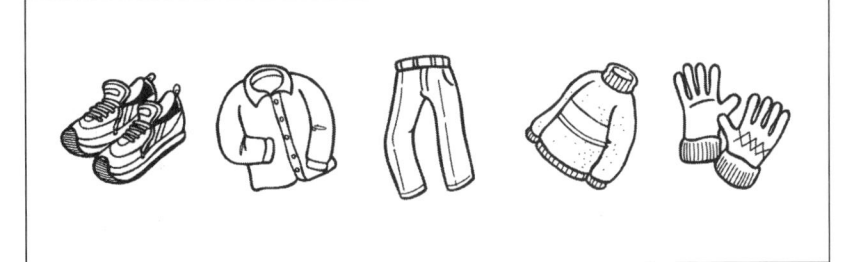

Exercise 4

You are in a newsagent's in France and need two of the items in the box below. Remember to greet the employee, ask the cost and end the conversation politely.

UNIT 6 SHOPPING

Section One

General conversation 1

A Answer the following questions:

1 Il y a quels magasins près de ta maison?

2 Quelles sortes de magasin aimes-tu?

3 Où fais-tu tes achats?

4 Tu aimes acheter de la nourriture?

5 Où achètes-tu tes vêtements?

6 Tu aides ton père/ta mère avec les achats?

7 Qu'est-ce que tu vas acheter pour Noël?

8 Qu'est-ce que tu vas acheter pour l'anniversaire de ton ami(e)?

This will give you a short passage with a few sentences in French.

B Now answer these questions:

1 Quel est ton magasin préféré? Pourquoi?

2 C'est un magasin où les articles sont chers?

3 Tu aimes les magasins dans les grandes villes?

4 Où achètes-tu la viande?

5 Tu aimes acheter des vêtements de marque?

6 Où achètes-tu la nourriture?

PAGE 167

PAGE 127

UNIT 6 SHOPPING
Section Two

Exercise 1

You are in a bank in France and would like to change some money.
1. Say what you would like to do
2. Explain that you have £50 in cash
3.
4. Answer the clerk's question
5. Ask what you have to do next

– Bonjour, Monsieur/Mademoiselle. Est-ce que je peux vous aider?

1. Dites ce que vous voulez faire.

– Et qu'est-ce que vous avez comme argent?

2. Dites combien d'argent vous avez.

– Vous avez une pièce d'identité?

3.

– D'accord. Vous allez rester combien de temps en France?

4. Répondez à la question de l'employé(e).

– Je vous remercie, Monsieur/Mademoiselle.

5. Demandez ce que vous devez faire maintenant.

– Allez à la caisse, Monsieur/Mademoiselle.

UNIT 6 SHOPPING

Section Two

Exercise 2

You are in a Post Office in France. The details you will need to mention are given below.

- Ask for five stamps
- Say that you have a 500 franc note
- Ask where the post box is

When you see this **!** you will have to respond to something which you have not prepared.
Your teacher will play the part of the employee and will speak first.

– Vous désirez, Monsieur/Mademoiselle?

● Timbres

– C'est pour où, Monsieur/Mademoiselle?

● **!**

– Cela vous fait quinze francs.

● Billet

– Pas de problème.

● Où?

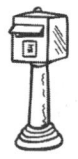

– Devant le bâtiment, Monsieur/Mademoiselle.

UNIT 6 SHOPPING

Section Two

Exercise 3

You are in a clothes shop in France. You will need to mention the points listed in the boxes below:

– Vous désirez, Monsieur/Mademoiselle?

1 What you want to buy

– Oui, et vous faites quelle taille?

2 Say what size you require

– Et de quelle couleur?

3 Answer the question

!

– Et comment allez-vous payer?

4 Say how you are going to pay

PAGE 168

UNIT 6 SHOPPING
Section Two

General conversation 2

A Now answer the following questions:

1 Où es-tu allé(e) faire des courses? Comment?

2 Avec qui es-tu allé(e)?

3 Dans quels magasins es-tu allé(e)s?

4 Qu'est-ce que tu as acheté?

5 Pour qui?

6 Qu'est-ce que tu as acheté pour tes parents?

7 Qu'est-ce que tu as acheté pour Noël?

B Answer these questions:

1 Ce week-end, où iras-tu faire du shopping?

2 Qu'est-ce que tu vas acheter?

3 Est-ce que tu vas acheter de nouveaux vêtements?

4 Est-ce que tu vas acheter des affaires pour les vacances?

5 Qu'est-ce que tu achèteras pour Pâques?

6 Qu'est-ce que tu achèteras pour Noël?

7 Si tu avais beaucoup d'argent, qu'est-ce que tu achèterais?

8 Si tu avais beaucoup d'argent, qu'est-ce que tu achèterais pour ta famille?

➡ PAGE 129

UNIT 6 SHOPPING
Section Three

Exercise 1

During a family holiday in France you go to a clothes shop.
- Articles achetés – quand?
- Problème – sale? déchiré(e)? décousu(e)?
- Solution

DISTRIRAMA

Magasin pour tous
SOUVENIRS – MODE – BIJOUX
Vous ne voulez pas payer cher?
Vous voulez être à la mode?

– Bonjour, Monsieur/Mademoiselle.

- Articles achetés – quand?

– Je peux le/la/les regarder? Quel est le problème?

- Problème

– Ah oui, vous avez raison, Monsieur/Mademoiselle.

- Solution

– Bien sûr, tout de suite, Monsieur/Mademoiselle.

UNIT 6 SHOPPING
Section Three

Exercise 2

> You bought a jumper while you were in France and go back to the shop. Your teacher will play the part of the employee and will speak first.
> - Problème – grand? petit?
> - Quand
> - Remplacer

– Je peux vous aider, Monsieur/Mademoiselle?

(*Your task:* to say what is wrong with the jumper)

– Quand l'avez-vous acheté?

(*Your task:* to say when you bought the jumper)

– D'accord: et que désirez-vous, Monsieur/Mademoiselle?

(*Your task:* to ask for a replacement jumper)

– Désolé, nous n'en avons plus en stock.

(*Your task:* to ask for your money back)

– Pas de problème, Monsieur/Mademoiselle.

UNIT 6 SHOPPING
Section Three

General conversation 3

A You will need to look back to the previous two sections on this topic and make sure that you can answer all the questions. Then answer these following questions:

1 Où est-ce que tu fais tes achats?

2 Préfères-tu faire les courses dans un village ou dans une grande ville?

3 Pourquoi?

4 Quels sont les avantages des grands magasins?

5 Est-ce qu'il y a des inconvénients des grands magasins?

6 Les petits magasins, ont-ils des avantages?

7 Est-ce que tu achètes des vêtements de marque?

8 Pourquoi? Quels sont les avantages/les inconvénients?

9 La dernière fois que tu as fait des courses, qu'est-ce que tu as acheté?

10 Préfères-tu les grands supermarchés ou les magasins spécialisés?

11 Pourquoi? Pourquoi pas?

B These questions will help you to expand your answers even further.

1 Quels sont les inconvénients d'avoir des vêtements de marque?

2 Est-ce qu'il y a des avantages quand on fait des achats à l'étranger?

3 Quels sont les avantages des cartes de crédit?

4 Est-ce qu'il y a des inconvénients?

5 Est-ce que tu as assez d'argent? Pourquoi? Pourquoi pas?

UNIT 7 FOOD AND DRINK

Section One

Exercise 1

You are in a food shop in France. You will have to:
- Ask for some cheese
- Ask for 250 grams
- Ask for some bananas
- Ask for three
- Ask how much it costs

Vous en voulez combien, Monsieur/Mademoiselle?

Voilà. Et avec cela, Monsieur/Mademoiselle?

Combien en voulez-vous, Monsieur/Mademoiselle?

Voilà. Ce sera tout, Monsieur/Mademoiselle?

Ça fait vingt francs, Monsieur/Mademoiselle.

UNIT 7 FOOD AND DRINK

Section One

Exercise 2

You are on holiday in Belgium and decide to phone a restaurant to book a meal.
- You want to reserve for tomorrow evening
- You want a table for two
- You would like the table for 8 pm
- You want to know if there is a car park

Allô?

Très bien – pour combien de personnes?

Oui, très bien. Pour quelle heure, Monsieur/Mademoiselle?

Très bien. Vous voulez d'autres renseignements?

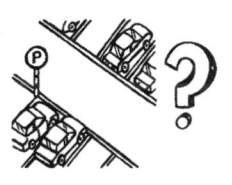

PAGE 170

63

UNIT 7 FOOD AND DRINK

Section One

Exercise 3

You are in an *épicerie* in France. You want two of the items in the box below. Remember to greet the employee, ask the cost and end the conversation politely.

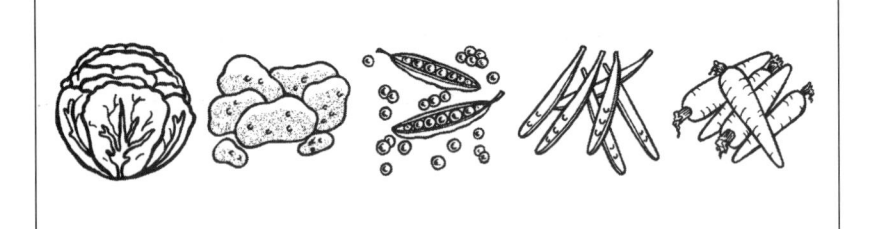

Exercise 4

You are in a café in France and want two of the items in the box below. Remember to greet the waiter/waitress, ask the cost and end the conversation politely.

UNIT 7 FOOD AND DRINK

Section One

Presentation 1

A Answer the following questions:

1 Qu'est-ce que tu manges au petit déjeuner?

2 Qu'est-ce que tu bois au petit déjeuner?

3 Qu'est-ce que tu manges pour le déjeuner/dîner?

4 Qu'est-ce que tu bois pour le déjeuner/dîner?

5 Qu'est-ce que tu préfères manger?

6 Qu'est-ce que tu préfères boire?

This will give you a short passage with a few sentences in French.

B Now answer these questions:

1 Qu'est-ce que tu préfères, le café ou le thé?

2 Tu manges quelles céréales?

3 Quels légumes est-ce que tu aimes?

4 Tu manges de la viande? Quelle sorte de viande est-ce que tu manges?

5 Tu préfères le poisson ou la viande?

6 Qui prépare les repas à la maison?

7 Quel est ton plat favori?

8 Tu manges souvent au restaurant?

9 Quelle sorte de nourriture préfères-tu?

PAGE 170

PAGE 132

UNIT 7 FOOD AND DRINK

Section Two

Exercise 1

You have arrived at a restaurant in France.

1 Explain that you have not made a reservation
2 Reply to the waiter's/waitress's question
3
4 Ask for the 120-franc menu for everybody
5 Ask for an extra glass

– Bonjour, Monsieur/Mademoiselle. Est-ce que je peux vous aider?

1 Expliquez la situation.

– Pas de problème, Monsieur/Mademoiselle. Vous êtes combien de personnes?

2 Répondez à la question du serveur/de la serveuse.

– Et où voulez-vous vous asseoir?

3

– C'est tout à fait possible. Vous avez choisi?

4 Commandez pour les membres de votre groupe.

– Bien, Monsieur/Mademoiselle.

5 Dites ce qu'il vous faut.

– Je vais vous en chercher un, Monsieur/Mademoiselle.

UNIT 7 FOOD AND DRINK

Section Two

Exercise 2

You are talking to your pen-friend in France about your birthday meal. The details you will need to mention are given below in English.
- Say that you went to a restaurant
- Say that you drank red wine
- Say that your father paid the bill

When you see this ❗ you will have to respond to something which you have not prepared.
Your teacher will play the part of your friend and will speak first.

– Comment as-tu fêté ton anniversaire?

● Restaurant

– C'était quelle sorte de restaurant?

● ❗

– Qu'est-ce que tu as bu?

● Boisson

– Et c'était cher?

● Père

– Tu as de la chance!

UNIT 7 FOOD AND DRINK

Section Two

Exercise 3

You are in a restaurant with some friends in France.
You will need to mention the points in the boxes below:

– Je peux vous aider, Monsieur/Mademoiselle?

1 You want a table for . . .

– Oui, et où voulez-vous vous asseoir?

2 Say where you want to sit

– Et que voulez-vous boire?

3 Answer the question   !

– Il y a quelque chose qui ne va pas?

4 Say what is missing

PAGE 171

68

UNIT 7 FOOD AND DRINK

Section Two

General conversation 2

A Answer the following questions about a Christmas meal:

1 Qu'est-ce que tu as mangé? C'était bon?

2 Qu'est-ce que tu as bu? C'était bon ou mauvais?

3 Qui a fait la cuisine?

4 Est-ce que tu as aidé? Comment?

5 Tu as ouvert tes cadeaux avant le repas ou après?

6 Et le soir, qu'est-ce que tu as mangé?

B Now answer these questions:

1 Quel plat est-ce que tu voudrais essayer?

2 Tu aimes manger en famille? Pourquoi? Pourquoi pas?

3 Qu'est-ce que tu détestes manger?

4 Tu aimes boire de l'alcool?

5 Tu aimes le fast food? Pourquoi? Pourquoi pas?

6 Es-tu végétarien(ne)? Pourquoi? Pourquoi pas?

7 Qu'est-ce qu'il faut manger pour être en forme?

8 As-tu des allergies? Suis-tu un régime?

UNIT 7 FOOD AND DRINK

Section Three

Exercise 1

During a family holiday in France, you telephone a restaurant to make a booking.

- Heures d'ouverture?
- Spécialités?
- Préférence
- Réservation – détails
- Situation
- Recommandation

RESTAURANT L'Escargot Bronzé

Place du Marché, 53200 Château-Gontier

Menus – Carte – Snacks à toute heure

Spécialités Régionales

– Allô, Monsieur/Mademoiselle.

● Heures d'ouverture?

– Le restaurant est ouvert de sept heures le matin jusqu'à minuit.

● Spécialités?

– Ah oui, nous avons des spécialités régionales. Qu'est-ce que vous aimez manger?

● Préférence

– Alors, vous voulez faire une réservation?

● Réservation – détails

– C'est noté. Vous voulez vous asseoir où exactement dans notre restaurant?

● Situation

– Comment avez-vous trouvé le nom de notre restaurant?

● Recommandation

UNIT 7 FOOD AND DRINK

Section Three

Exercise 2

> You are telephoning a friend to suggest going to a café for a drink. Your friend may not agree with your suggestion and you will have to reach a compromise solution. Your teacher will play the part of the friend and will speak first.
> - Où tu veux aller et pourquoi
> - Quand
> - Détails du rendez-vous

– Allô?

(*Your task:* to suggest going to a café for a drink)

– Non, je n'ai pas tellement envie.

(*Your task:* to suggest going out for a meal)

– D'accord, bonne idée. Quelle sorte de restaurant?

(*Your task:* to suggest a specific sort of restaurant)

– Oui, je veux bien.

(*Your task:* to suggest a time and a place to meet)

– OK, à tout à l'heure!

UNIT 7 FOOD AND DRINK

Section Three

General conversation 3

A Answer the following questions:

1 Que penses-tu des plats végétariens?

2 Tu aimes préparer les repas à la maison?

3 Fais une description d'un plat que tu sais préparer.

4 Que préfères-tu, la cuisine anglaise ou la cuisine chinoise? Pourquoi?

5 As-tu mangé à l'étranger? Qu'est-ce que tu as mangé?

6 C'était comment? Tu as aimé?

7 Quel est ton restaurant préféré?

8 Fais une description de ce restaurant.

B Now answer these questions:

1 Il y a une cuisine que tu voudrais essayer?

2 As-tu mangé de la nourriture française? C'était bon?

3 Pourquoi est-ce que les Français ont une réputation pour la bonne cuisine?

4 Décris le repas idéal que tu voudrais manger.

➡ PAGE 135

UNIT 8 STUDYING

Section One

Exercise 1

You are talking to your pen-friend in Belgium. You will have to:
- Say that it is French
- Explain that you do not like it
- Say that it is difficult
- Say that it is at ten o'clock
- Say that you eat lunch

Le lundi, quel est ton premier cours?

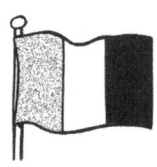

Tu aimes ça?

Pourquoi?

Et à quelle heure est-ce qu'il y a une récréation?

Qu'est-ce que tu fais à une heure?

PAGE 173

UNIT 8 STUDYING

Section One

Exercise 2

You are talking to your Swiss friend about your school.
- Say you like history best
- Say that the teacher is interesting
- Ask if your friend likes English
- Say history and art

Quelle est ta matière préférée?

Pourquoi?

D'accord, je comprends.

Oui, c'est bien. Que fais-tu l'année prochaine?

UNIT 8 STUDYING

Section One

Exercise 3

You are in a shop in France. You want two of the items for school in the box below. Remember to greet the employee, ask the cost and end the conversation politely.

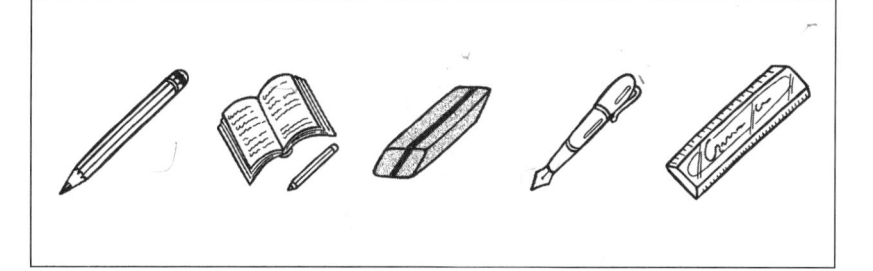

Exercise 4

You are in a shop in France and need two of the items in the box below. Remember to greet the employee, ask the cost and end the conversation politely.

75

UNIT 8 STUDYING

Section One

General conversation 1

A Here are some questions you can answer for a short conversation:

1 Comment s'appelle ton école?

2 Il y a combien d'élèves?

3 Les cours commencent à quelle heure?

4 Il y a combien de cours par jour?

5 Un cours dure combien de minutes?

6 Les cours finissent à quelle heure?

7 Quelle est ta matière préférée?

This will give you a short passage with a few sentences in French.

B Now answer these questions:

1 Tu fais quelles matières?

2 Quelles matières préfères-tu?

3 Il y a des matières que tu n'aimes pas?

4 Comment est-ce que tu vas à l'école?

5 Où est-ce que tu déjeunes?

6 Combien d'heures de devoirs est-ce que tu fais par jour?

➡ PAGE 136

UNIT 8 STUDYING

Section Two

Exercise 1

You are discussing life at your school with your friend in France.

1 Say that there are 1,200 pupils
2 Explain that the teachers are kind
3 ❤️✗
4 Answer your friend's question
5 Say that you worked hard

– Il y a combien d'élèves à ton école?

1 Donnez le nombre d'élèves.

– Et que penses-tu de tes professeurs?

2 Donnez votre avis sur les professeurs.

– Que penses-tu de l'uniforme scolaire?

3 ❤️✗

– L'année dernière, quelle était ta matière préférée?

4 Répondez à la question de votre ami(e).

– Comment as-tu travaillé?

5 Dites comment vous avez travaillé.

UNIT 8 STUDYING

Section Two

Exercise 2

> Your French friend is talking to you about your school. The details you need to mention are given below in English.
> - Say what time you leave for school
> - Say that you normally go with a friend
> - Say what you wear to school
>
> When you see this ! you will have to respond to something which you have not prepared.
> Your teacher will play the part of the friend and will speak first.

– À quelle heure faut-il partir?

● Départ

– Comment est-ce qu'on y va?

● !

– Tu y vas seul(e) normalement?

● Ami(e)

– Qu'est-ce qu'il faut porter comme vêtements?

● Vêtements

– D'accord, je vais faire comme toi.

UNIT 8 STUDYING

Section Two

Exercise 3

You are talking to your Swiss friend about your school.
You will need to mention the points in the boxes below:

– Il est comment ton collège?

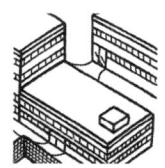

1 How big your school is

– À quelle heure commencent les cours?

2 Say what time lessons start

– Les cours durent combien de temps?

3 Answer the question

!

– Tu fais combien d'heures de devoirs par jour?

4 Say how much homework you do

1 2 3

UNIT 8 STUDYING

Section Two

Presentation 2

A Answer the following questions:

1 C'est quelle sorte d'école?

2 Tu peux en faire une description?

3 C'est une école privée?

4 Tu portes un uniforme scolaire?

5 L'uniforme a des avantages?

6 Est-ce qu'il y a des inconvénients?

7 Tu fais partie d'un club ou d'une équipe à l'école?

8 Tu passes des examens cette année?

9 Comment travailles-tu en ce moment? Dur?

B Now answer these questions:

1 L'année prochaine, qu'est-ce que tu vas faire?

2 As-tu l'intention d'aller à l'université plus tard?

3 Qu'est-ce que tu vas étudier?

4 Quel métier veux-tu faire?

5 Pourquoi as-tu choisi ce métier?

6 Quelle expérience faut-il avoir?

UNIT 8 STUDYING
Section Three

Exercise 1

At the start of a school exchange in France, you discuss the programme for the first few days.

SAMEDI	*matin*	– shopping (centre-ville)
	après-midi	– match de football
	soir	– cinéma
DIMANCHE	*matin*	– piscine
	après-midi	– promenade à vélo
	soir	– en famille
LUNDI	*matin*	– à l'école
	après-midi	– à l'école
	soir	– disco/jeux (club des jeunes)

- Activités préférées
- Autres intérêts
- Activités à l'école

– Ça te plaît, les projets pour ta visite? Qu'est-ce que tu n'aimes pas faire?

- Activités préférées

– Qu'est-ce que tu veux faire dimanche soir?

- Autres intérêts

– Tu est content(e) d'aller à l'école?

- Activités à l'école

– Je suis certain(e) que tu vas te plaire ici chez nous.

➡ PAGE 138

UNIT 8 STUDYING

Section Three

Exercise 2

In this role-play you are on the school exchange in France. The illustrations take you through the course of a day, including afternoon and evening activities.

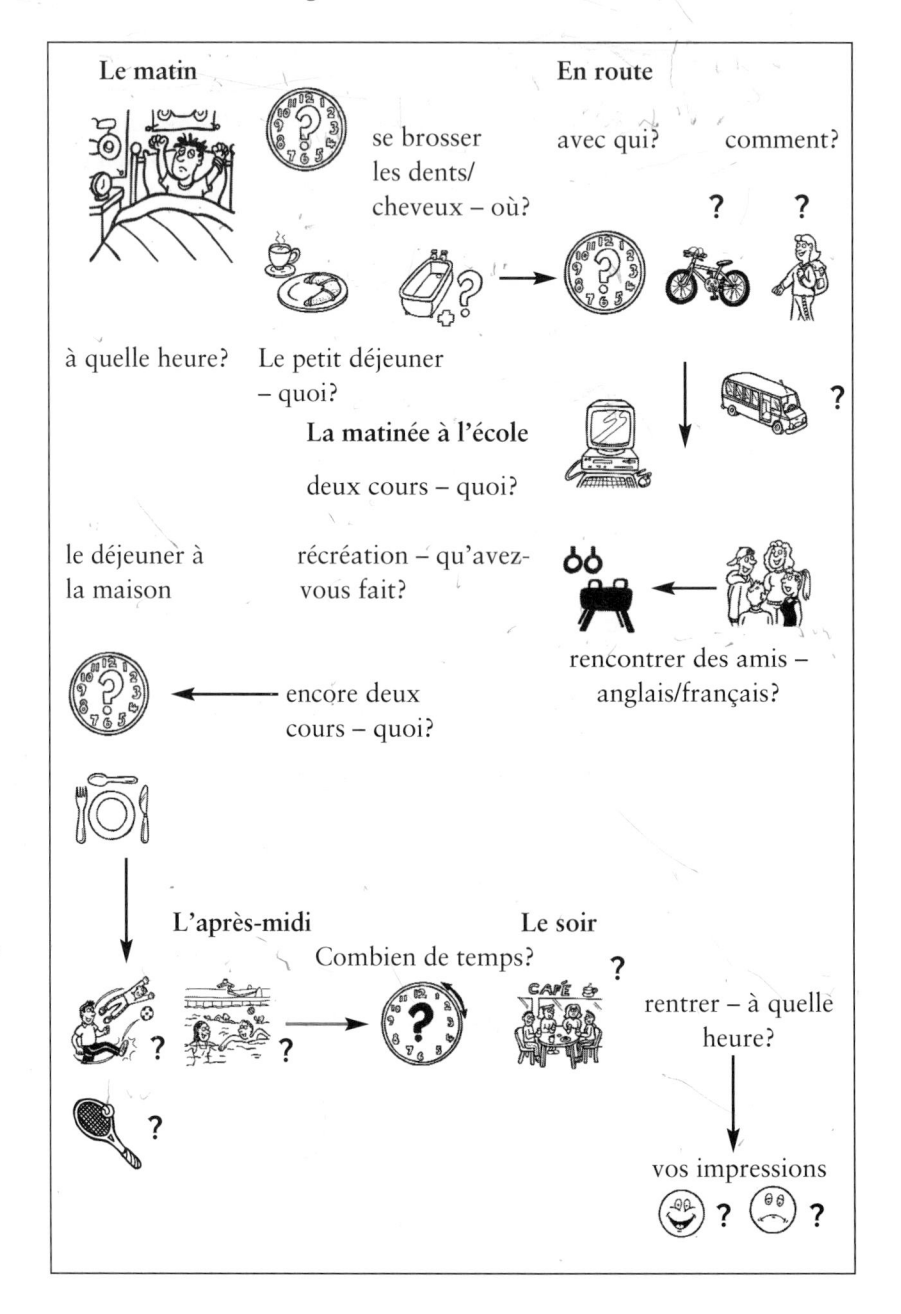

Le matin

à quelle heure?

se brosser les dents/ cheveux – où?

Le petit déjeuner – quoi?

En route

avec qui?   comment?

La matinée à l'école

deux cours – quoi?

le déjeuner à la maison

récréation – qu'avez-vous fait?

rencontrer des amis – anglais/français?

encore deux cours – quoi?

L'après-midi

Combien de temps?

Le soir

rentrer – à quelle heure?

vos impressions

UNIT 8 STUDYING

Section Three

General conversation 3

A You will need to look back to the previous two sections on this topic and make sure that you can answer all the questions. Then answer the following:

1 Que penses-tu de ton école?

2 Qu'est-ce que tu aimerais changer?

3 Il y a un professeur que tu admires?

4 Pourquoi?

5 Décris une journée idéale à l'école.

6 Que fais-tu pendant la récréation?

7 Qu'est-ce que tu fais pendant l'heure du déjeuner?

8 Décris un cours ou un projet que tu as aimé.

B Now answer the following:

1 Que penses-tu de la discipline à ton école?

2 Comment est ton emploi de temps?

3 Quelles sont les différences entre les écoles en France et en Angleterre?

4 À l'école, est-ce qu'il y a beaucoup à faire en dehors des cours?

5 Est-ce que les vacances sont assez longues?

PAGE 175

PAGE 139

UNIT 9
WORK AND FUTURE
Section One

Exercice 1

You are talking to your pen-friend in Belgium.
You will have to:
- Say you work in a restaurant
- Explain you do the washing-up
- Say that it's on Saturday
- Say that you finish at 11 pm
- Say that you earn £5

Où est-ce que tu travailles?

Et qu'est-ce que tu fais exactement?

Quand est-ce que tu travailles au restaurant?

Tu finis à quelle heure?

Et tu gagnes combien de l'heure?

UNIT 9 WORK AND FUTURE

Section One

Exercise 2

You are talking to your French friend about your part-time job.
- Say you work in a shop
- Say that it's a sweet shop
- Say that it's difficult
- Say that you love chocolate

Où est-ce que tu travailles?

C'est quelle sorte de magasin?

C'est un emploi facile?

Pourquoi?

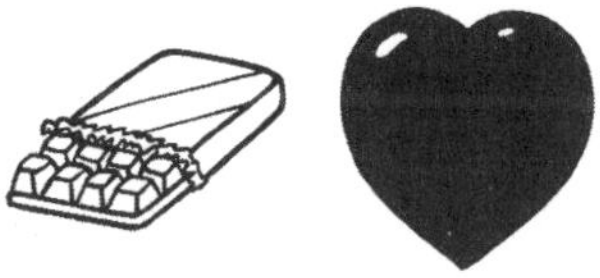

UNIT 9
WORK AND FUTURE

Section One

Exercise 3

You are starting a new job in France. You want to buy two of the items in the box below first. Remember to greet the employee, ask the cost and end the conversation politely.

1 2 3 4 5

1............?
2............?

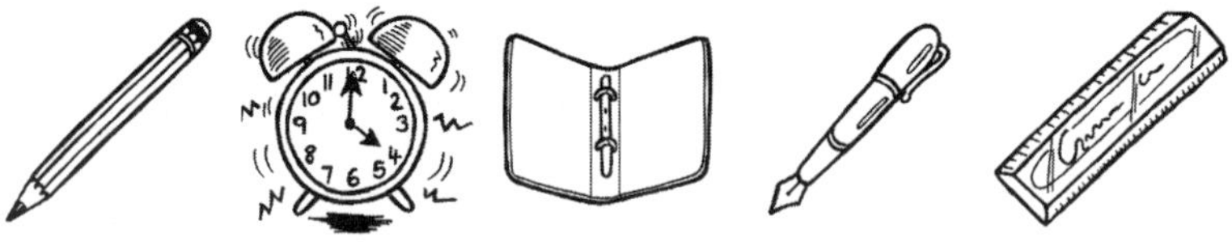

PAGE 177

Exercise 4

You are on work experience in France and need to buy two of the items in the box below. Remember to greet the employee, ask the cost and end the conversation politely.

1 2 3 4 5

1............?
2............?

86

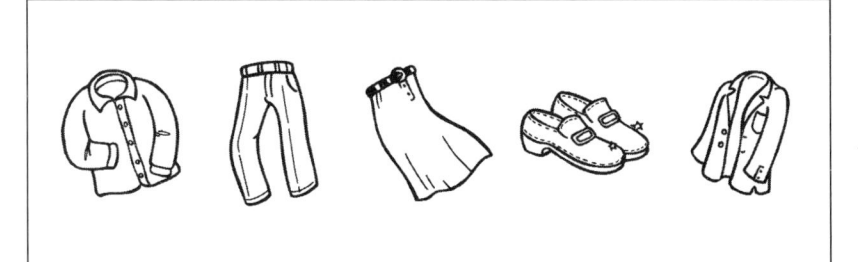

UNIT 9 — WORK AND FUTURE

Section One

General conversation 1

A Here are some questions to answer for a short conversation:

1 Est-ce que tu travailles?

2 Où est-ce que tu travailles?

3 Et quel(s) jour(s)?

4 Tu commences à quelle heure?

5 Tu finis à quelle heure?

6 Tu gagnes combien?

7 Tu travailles seul(e) ou avec des autres?

This will give you a short passage with a few sentences in French.

B Now answer these questions:

1 Que fait ton père/ta mère?

2 Tu aimes ton travail?

3 Qu'est-ce que tu achètes avec ton argent?

4 Tu fais des économies?

5 As-tu de l'argent de poche?

6 Qu'est-ce que tu fais pour le gagner?

7 Qui te le donne?

PAGE 177

PAGE 141

UNIT 9 — WORK AND FUTURE

Section Two

Exercise 1

You are discussing your time at school with your friend in France.
1. Say that you have worked hard at school
2. Answer your friend's question
3. Say that you worked in a supermarket
4. Explain that you worked on Saturday afternoons
5.

– Tu as été bon(ne) élève à l'école?

1 Donnez votre opinion.

– Quelle était ta matière préférée?

2 Répondez à la question de votre ami(e).

– Est-ce que tu as travaillé aussi?

3 Dites où vous avez travaillé.

– Quand?

4 Dites quand vous avez travaillé.

– Et qu'est-ce que tu veux faire comme carrière?

5

– Moi aussi.

UNIT 9 — WORK AND FUTURE

Section Two

Exercise 2

You are talking to your Belgian friend about your part-time job. The details you will need to explain are given below in English.

- Say that you work in the kitchen of a restaurant
- Say that you prepare the meals
- Say that you earn £4 per hour

When you see this **!** you will have to respond to something which you have not prepared.

Your teacher will play the part of the friend and will speak first.

– As-tu un travail?

● Restaurant

– Tu fais la vaisselle?

● Travail

– C'est bien payé?

● Salaire

– Que fais-tu de ton argent?

● !

UNIT 9

WORK AND FUTURE

Section Two

Exercice 3

You are talking to your supervisor at your work placement, a holiday camp in France. You will need to mention the points in the boxes below:

– Où voulez-vous travailler?

1 Where you prefer to work

– C'est d'accord.

2 Ask what time you start work

– À huit heures. Vous aurez un jour de libre – vous préférez quel jour?

3 Answer the question
!

– Très bien.

4 Ask where one of these is:

PAGE 178

90

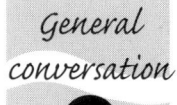

UNIT 9 WORK AND FUTURE
Section Two

General conversation 2

A Answer the following questions:

1 Est-ce que tu as un travail à temps partiel?

2 Quand travailles-tu? Combien gagnes-tu?

3 Que penses-tu de ton travail?

4 Quel métier est-ce que tu voudrais faire?

5 Est-ce qu'il faut faire des études ou une formation?

6 Pendant combien d'années?

7 Où as-tu travaillé le week-end dernier?

8 Qu'est-ce que tu as fait?

9 Comment était la journée au travail?

B Now answer these questions:

1 Où voudrais-tu travailler? Pourquoi?

2 Qu'est-ce que tu vas faire après l'école ou l'université?

3 Tu voudrais travailler comme médecin ou dentiste?

4 Quelle sorte de travail trouverais-tu ennuyeux?

5 Quel caractère faut-il avoir pour exercer ton métier?

➡ PAGE 000

UNIT 9 — WORK AND FUTURE

Section Three

Exercise 1

You are replying to the following advertisement for a job in France.

- Raison pour l'appel
- Sorte de travail
- Expérience
- Logement?

CINÉ LAND

À 30 minutes du centre de Paris

Parc des dessins animés

VENEZ TRAVAILLER EN FRANCE

Recherche personnel:

Restaurants/Magasins/Jardins

Téléphone: 1 64 42 63 94

– Ciné Land, Bonjour!

- Raison pour l'appel

– Oui, j'ai toujours besoin de personnel. Pourquoi voulez-vous travailler ici? Quel travail voulez-vous faire?

- Travail

– Quelle experience avez-vous?

- Expérience

– Avez-vous des questions à me poser?

- Logement?

– Nous avons des chambres sur place pour nos employés.

UNIT 9 WORK AND FUTURE
Section Three

Exercice 2

> You are applying for a job in a restaurant in France.
> - Détails
> - Expérience
> - Libre quand?
> - Langues parlées

– Alors, pouvez-vous me donner quelques détails personnels?

(*Your task*: to give your name, age and nationality)

– Et vous avez déjà travaillé dans un restaurant?

(*Your task*: to give details of your previous experience)

– Quand pourrez-vous commencer à travailler?

(*Your task*: to say when you will be free to start)

– Quelles langues parlez-vous?

(*Your task*: to say which languages you speak)

– Très bien. J'ai d'autres candidats à voir. Je vous contacterai demain.

UNIT 9
WORK AND FUTURE
Section Three

Presentation 3

A Answer the following questions:

1 As-tu fait un stage en entreprise?

2 Où as-tu travaillé?

3 Qu'est-ce qu tu en as pensé?

4 As-tu reçu de l'argent?

5 Le stage a duré combien de temps?

6 Est-ce que tu vas te marier? Pourquoi? Pourquoi pas?

7 Auras-tu des enfants?

8 Vas-tu rester dans la ville/le village où tu habites maintenant?

B Now answer the following:

1 Tu vas rester en Angleterre ou vivre à l'étranger? Pourquoi?

2 Est-ce que tu vas voyager?

3 Qu'est-ce que tu feras à l'âge de quarante ans?

4 Tu travailleras toujours?

5 Tu prendras la retraite à quel âge?

PAGE 179

PAGE 144

UNIT 10 SPECIAL OCCASIONS GLOBAL ISSUES

Section One

Exercise 1

You are talking about Easter in France. You will have to:
- Say you get up at seven o'clock
- Say that you go into the garden
- Say that you look for eggs
- Say that they are chocolate
- Say that you eat breakfast

Tu te lèves à quelle heure?

Et où vas-tu?

Qu'est-ce que tu cherches dans le jardin?

Ce sont de vrais œufs?

Et après, qu'est-ce que tu fais?

PAGE 180

95

UNIT 10
OCCASIONS AND ISSUES
Section One

Exercise 2

You are talking to your French friend about Christmas.
- Say you like the holiday
- Say that you open the presents
- Say you watch television
- Say that you go out the next day

Qu'est-ce que tu aimes à Noël?

Le matin, qu'est-ce que tu fais?

Et dans l'après-midi?

Et le lendemain?

PAGE 180

UNIT 10

OCCASIONS AND ISSUES

Section One

Exercise 3

You are in France and are buying some presents for friends in England. You want two of the items in the box below. Remember to greet the employee, ask the cost and end the conversation politely.

Exercise 4

You are buying presents for the French family after your stay and need two of the items in the box below. Remember to greet the employee, ask the cost and end the conversation politely.

97

UNIT 10
Section One
OCCASIONS AND ISSUES

Presentation 1

A Here are some questions you can answer for a short presentation and some answers below to match them.

1. C'est quand ton anniversaire?
2. Comment fêtes-tu le jour de ton anniversaire?
3. Qu'est-ce que tu aimes recevoir?
4. Est-ce que tu manges un repas spécial?
5. Qui prépare le gâteau?
6. Tu invites des amis chez toi?
7. Qu'est-ce que tu fais à la boum?
8. Comment passes-tu Noël?
9. Tu restes en Angleterre à Noël?
10. Tu rends visite à des parents à Noël?

B Match the questions above to these answers:

a. Oui, je mange un repas spécial au restaurant.
b. J'invite mes amis chez moi pour une boum.
c. Je passe Noël à la maison avec ma famille.
d. À Noël, je rends visite à mes grands-parents.
e. Je fête le jour de mon anniversaire en famille.
f. Je reste toujours en Angleterre à Noël.
g. Ma mère prépare le gâteau.
h. C'est le dix mars.
i. À la boum, j'écoute de la musique.
j. J'aime recevoir de l'argent.

UNIT 10

OCCASIONS AND ISSUES

Section Two

Exercise 1

You are discussing a holiday in Africa with your friend in France.
1. Say that you went to Africa
2. Explain that you saw lions and zebras
3. Respond to your friend's question
4. Explain that the weather was very hot
5.

– Où as-tu passé tes vacances?

1 Dites où vous êtes allé(e).

– Qu'est-ce que tu as fait?

2 Décrivez ce que vous avez vu.

– Tu y es resté(e) combien de temps?

3 Répondez à la question de votre ami(e).

– Quel temps faisait-il?

4 Décrivez le temps en vacances.

– Et comment as-tu voyagé?

5

– Des vacances formidables!

UNIT 10
OCCASIONS AND ISSUES
Section Two

Exercise 2

You are talking to your Belgian neighbour about your holidays last year. The details you will need to mention are given below in English.

- Say that you went skiing at Christmas
- Say that you go to France in the summer
- Explain what you do there

When you see this **!** you will have to respond to something which you have not prepared.
Your teacher will play the part of the neighbour and will speak first.

– Où es-tu allé(e) pendant les vacances?

● Ski

– Comment étaient les vacances?

● **!**

– Où vas-tu en été?

● Été

– Que fais-tu normalement?

● Activités

UNIT 10

Section Two

OCCASIONS AND ISSUES

Exercice 3

You are talking about recycling issues with your French pen-friend. You will need to mention the points in the boxes:

– Qu'est-ce que tu recycles?

1 What you recycle

– On cultive des légumes chez toi?

2 Say where you grow vegetables

– Qui cultive les légumes?

3 Answer the question

!

– Quels légumes préfères-tu?

4 Which vegetables you like

UNIT 10 OCCASIONS AND ISSUES

Section Two

General conversation 2

A Answer the following questions:

1 La Fête Nationale en France, c'est quelle date?

2 Que font les Français?

3 Qu'est-ce que tu as fait l'année dernière pour ton anniversaire?

4 Tu as assisté à un mariage?

5 C'était comment? Qu'est-ce que tu as fait?

6 Comment fêtais-tu ton anniversaire quand tu étais petit(e)?

7 Quel était ton meilleur cadeau?

8 Qui te l'a donné?

B Now answer the following questions:

1 Comment est-ce que tu vas fêter ton prochain anniversaire?

2 Quand tu auras 18 ans, que pourras-tu faire?

3 Si tu voulais acheter un beau cadeau pour un ami/une amie, qu'est-ce que tu achèterais?

4 Quel cadeau achèterais-tu pour tes grands-parents à Noël?

PAGE 181

➔ PAGE 146

UNIT 10
OCCASIONS AND ISSUES
Section Three

Exercise 1 — The notes below give the details of a trip to your pen-friend's house at Christmas last year.

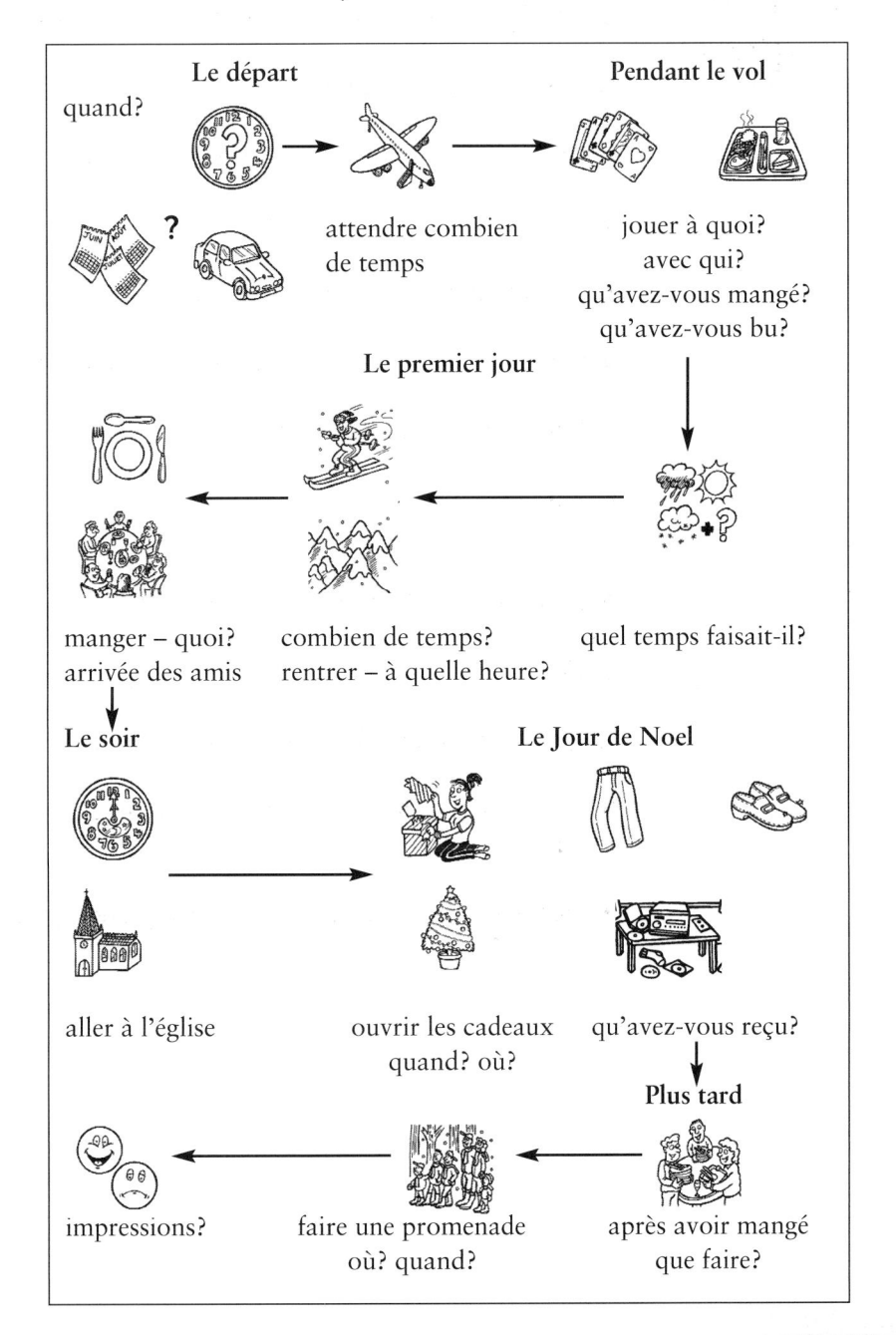

Le départ
quand?

attendre combien de temps

Pendant le vol
jouer à quoi?
avec qui?
qu'avez-vous mangé?
qu'avez-vous bu?

Le premier jour
manger – quoi?
arrivée des amis

combien de temps?
rentrer – à quelle heure?

quel temps faisait-il?

Le soir
aller à l'église

Le Jour de Noel
ouvrir les cadeaux
quand? où?

qu'avez-vous reçu?

Plus tard
après avoir mangé
que faire?

faire une promenade
où? quand?

impressions?

PAGE 182

PAGE 147

UNIT 10
Section Three
OCCASIONS AND ISSUES

Exercise 2

> You are talking to your French pen-friend about how your family protects the environment.
> - Quel geste vert?
> - Détails
> - Les transports verts

– Alors, qu'est-ce que tu fais pour protéger l'environnement?

(*Your task*: to say that you recycle)

– Qu'est-ce que tu recycles exactement?

(*Your task*: to say what you recycle – three items)

– Que font tes parents?

(*Your task*: to say that your mother planted some trees)

– Et les autres membres de ta famille?

(*Your task*: to say that your father cycles to work)

– C'est très bien, tout ça!

UNIT 10 OCCASIONS AND ISSUES
Section Three

General conversation 3

A Answer the following questions:

1 Quels problèmes menacent notre monde?

2 Quels problèmes y a-t-il pour les animaux?

3 Quels problèmes y a-t-il pour la nature?

4 Quels problèmes posent les voitures?

5 Qu'est-ce qu'on a comme transports 'verts'?

6 Comment peut-on améliorer la situation?

7 Comment peut-on réduire la violence?

B Now answer these questions:

1 Quels problèmes sont provoqués par les cigarettes?

2 Et l'alcool?

3 Est-ce que le racisme est un vrai problème?

4 Quels sont les problèmes du chômage?

5 L'abus de la drogue est-il un vrai problème?

ANSWERS AND TIPS

UNIT 1
Section One

> **TIP**
> Don't forget that some answers could be only one word!

Exercise 1

Mon anniversaire est le douze avril.
Ma mère/Elle est médecin.
Mon père/Il est facteur.
J'ai deux frères.
J'ai un cheval.
2 MARKS EACH = 10 MARKS

👍 = 6

Exercise 2

1 Bonjour, Monsieur/Madame.
2 Je voudrais des fleurs/des chocolats/un livre/du parfum/du vin.
3 C'est combien?
4 Merci.
5 Au revoir, Monsieur/Madame.
2 MARKS EACH = 10 MARKS

👍 = 6

Exercise 3

Elle est grande.
Elle est mince.
Elle a les cheveux bouclés.
Elle a huit ans.
2 MARKS EACH = 10 MARKS

👍 = 6

Presentation 1

> **TIP**
> This topic is straightforward and you will probably know most about yourself and your family and friends.

A J'ai seize ans et j'ai un frère qui s'appelle David et une sœur qui s'appelle Suzanne. Mon père s'appelle Richard et ma mère s'appelle Glenys. Mon père travaille dans une usine et ma mère est réceptionniste. Mon meilleur ami s'appelle Steve et il a les cheveux courts et les yeux bleus et il aime la musique rock, comme moi.

B 1 Mon anniveraire est le deux août.

2 Ça s'écrit P A U L.

3 Ma couleur préférée est le vert.

4 J'aime le poulet et le vin.

5 Ils sont gentils.

6 Oui, très bien/Oui, pas mal.

7 Il/Elle habite près de chez moi.

8 Il/Elle est sympa.

9 Je l'ai rencontré(e) à l'école.

106

UNIT 1 ANSWERS & TIPS
Section Two

Exercise 1

1 Il/Elle a les cheveux courts/mi-longs/longs.
2 Il/Elle est petit(e)/moyen(ne)/grand(e).
3 Il/Elle est patient(e)/gentil(le)/aimable/honnête.
4 À l'école/à la discothèque/à la plage.

2 MARKS PER CORRECT ANSWER, 1 MARK PER PARTIALLY CORRECT ANSWER

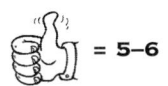

= 5–6

Exercise 2

1 Je voudrais acheter un cadeau pour ma sœur.
2 Elle a onze/treize ans.
3 J'ai acheté un CD.
4 Elle adore les animaux.
5 Ça fait/C'est combien?

2 MARKS PER CORRECT ANSWER, 1 MARK PER PARTIALLY CORRECT ANSWER

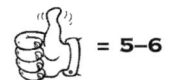

= 5–6

Exercise 3

– Je suis venu(e) avec ma sœur/J'ai une sœur.
– Ma sœur/Elle a les cheveux courts/longs/blonds/marron et les yeux verts/bleus/gris.
– Elle travaille dans une banque/Elle est vendeuse.
– Elle joue au squash/badminton/football/rugby.

2 MARKS PER CORRECT ANSWER, 1 MARK PER PARTIALLY CORRECT ANSWER

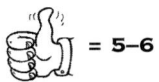

= 5–6

General conversation 2

TIP
You will need to familiarise yourself with the questions which appear earlier in this unit. Once you are comfortable with the basic questions, you can expand them. The answers to the questions in part A will give you more to say about the 'family' side of the topic.

A
– *Est-ce qu'il y a des disputes à la maison?*
Je m'entends bien avec mes parents mais il y a des disputes de temps en temps.

– *À quel sujet?*
On se dispute au sujet des sorties car j'aime rentrer tard, comme mes amis!

TIP
These answers to the questions in Section B will give you more to say about friends.

B
– *Quelles sont les qualités de ton meilleur ami/ta meilleure amie?*
Mon meilleur ami s'appelle Steve et il a les cheveux courts et les yeux bleus et comme moi il aime la musique rock. Il aime aller voir des concerts avec moi. Il est très patient et on rigole bien ensemble.

– *Est-ce qu'il/elle a des défauts?*
Son défaut? Il fume et j'ai horreur de ça! Je déteste l'odeur!

UNIT 1 ANSWERS & TIPS

Section Two

> **TIP**
> Don't forget that at this level of general conversation, you need to speak about the past, the present and the future. You will also have to give some opinions

– *Qu'est-ce que tu as fait hier soir?*
Nous sommes allés au concert de Radiohead à Birmingham. C'était super et il y avait une très bonne ambiance. Nous y sommes allés en car avec beaucoup d'amis.

– *Le week-end prochain, qu'est-ce que tu vas faire?*
Si je n'ai pas trop de devoirs, on ira au centre-ville faire des courses. J'ai besoin de nouveaux vêtements et les magasins en ville sont très bien. Si j'ai beaucoup de devoirs, on ira seulement au cinéma voir un bon film.

– *Quel film?*
Je ne sais pas encore, mais on aime tous les deux les films d'action!

Section Three

> **TIP**
> Answer the question you are asked clearly – you might not have to include a verb!

Exercise 1

– Je ne peux pas trouver mon correspondant/ma correspondante.
– Nous avions rendez-vous près de la sortie à onze heures.
– Mon correspondant/Ma correspondante est grand(e) et mince et s'appelle Dominic/Dominique Lebœuf.
– Il/Elle porte un jean bleu et un blouson rouge.

2 MARKS PER CORRECT ANSWER, 1 MARK PER PARTIALLY CORRECT ANSWER

👍 = 5–6

Exercise 2

– J'ai vu la jeune fille qui a disparu ce matin en ville.
– Elle doit avoir treize ou quatorze ans et elle a les cheveux blonds et bouclés.
– Comme vêtements elle portait un jean bleu, un blouson en cuir noir et une écharpe jaune.

2 MARKS PER CORRECT ANSWER, 1 MARK PER PARTIALLY CORRECT ANSWER

👍 = 5–6

UNIT 1
Section Three

ANSWERS & TIPS

General conversation 3

> **TIP**
> In this section, you should link your ideas together and take the initiative. (Make sure that you can answer the questions in Section Two before you move on.)

J'ai un ami qui habite en Australie – il habite à Sydney dans le sud-est de l'Australie dans une grande maison moderne. Je ne le vois pas souvent car le vol coûte très cher, mais son père est dentiste et la dernière fois, il m'a payé le billet! C'est très bien d'avoir un correspondant à l'étranger parce qu'on a un pied à terre quand on y va! Le seul inconvénient c'est que je ne le vois pas souvent!

Je ne sais pas si je vais me marier. J'ai vu beaucoup de divorces parmi les parents de mes amis donc je ne suis pas sûr(e). Si je me mariais, je voudrais avoir des enfants, un garçon et une fille. Avant d'avoir des enfants, je voudrais visiter quelques pays étrangers avec mon mari/ma femme.

Pour être un bon parent, je crois qu'il faut avoir de la discipline mais il faut savoir aussi être flexible. Un sens de l'humour est aussi essentiel, car il y a des moments où on ne peut que rire. S'il y a deux enfants ou plus, il faut être juste et traiter les enfants de la même manière – il ne faut pas avoir des préférés! Je crois aussi que les jeunes doivent respecter les parents et que les parents doivent respecter les enfants. Comme ça il y aura une base de famille qui est stable.

Pour moi je ne vais pas rester dans la ville où j'habite maintenant. Ma ville est trop calme et il n'y a pas grand-chose à faire. Je voudrais vivre dans une ville plus animée avec des distractions pour moi, et aussi pour mes enfants. Je voudrais aussi que mes enfants jouent dans un lieu sûr. Il est possible que je déménage à l'étranger, mais je ne suis pas sûr(e) si je voudrais être si loin de ma famille.

UNIT 2 ANSWERS & TIPS

Section One

> **TIP**
> Don't forget that some answers could be only one word!

Exercise 1

C'est une grande maison/une maison énorme.
(Il y a) cinq (chambres).
(Elle est) petite.
(Il y a) une télévision.
J'aime (bien) ma chambre.
2 MARKS EACH = 10 MARKS

👍 = 6

Exercise 2

1 Bonjour, Monsieur/Madame.
2 (Je voudrais) un plan de la ville/une liste des campings/une liste des hôtels/un horaire des bus/des directions pour la Poste.
3 C'est combien?
4 Merci, Monsieur/Madame.
5 Au revoir.
2 MARKS EACH = 10 MARKS

👍 = 6

Exercise 3

1 Bonjour, Monsieur/Madame.
2 (Je voudrais) une liste des concerts/une liste des restaurants/une liste des musées/un horaire des trains/des directions pour la banque.
3 C'est combien?
4 Merci, Monsieur/Madame.
5 Au revoir.
2 MARKS EACH = 10 MARKS

👍 = 6

General Conversation 1

A J'habite une grande maison avec six chambres. Ma chambre est petite. J'ai un chien à la maison – il est marron. J'habite un quartier calme.

> **TIP**
> The second set of questions will expand on the answers you have already given and also help you to give some simple opinions.

B J'aime ma maison mais je n'aime pas mon quartier. Dans ma maison il y a trois chambres, une cuisine, un salon, un WC, une salle de bains, une salle à manger et un garage. Il y a un petit jardin. Mon père travaille dans le jardin. Je fais la vaisselle tous les jours. Je prends mon petit déjeuner avant d'aller à l'école. Ma maison idéale serait en France parce que j'aime la nourriture française.

UNIT 2 ANSWERS & TIPS

Section Two

Exercise 1

– J'aide mes parents à la maison.
– Je fais la vaisselle pendant la semaine.
– Je gagne cinq livres par semaine.
– J'achète des bonbons/des magazines/des cassettes/des jeux vidéos.

2 MARKS PER CORRECT ANSWER, 1 MARK PER PARTIALLY CORRECT ANSWER

👍 = 6

Exercise 2

1 Je voudrais une liste des hôtels/une liste des campings/un plan de la ville.
2 Il y a une piscine/un supermarché/une banque ici?
3 Deux jours/une semaine/un mois.
4 Je vais visiter le château/je vais jouer au tennis/je vais faire du cyclisme.

2 MARKS PER CORRECT ANSWER, 1 MARK PER PARTIALLY CORRECT ANSWER

👍 = 6

Exercise 3

1 Je me lève à sept heures.
2 Je prépare le petit déjeuner.
3 Je quitte la maison à huit heures.
4 (J'y vais) en bus/en voiture/à pied/à (en) vélo.
5 J'ai passé l'aspirateur.

2 MARKS PER CORRECT ANSWER, 1 MARK PER PARTIALLY CORRECT ANSWER

👍 = 6

Presentation 2

> **TIP**
> Remember that you will need to use different time frames, especially in questions 4, 5 and 6.

A J'habite une grande maison à onze pièces. Il y a un salon, une salle à manger, une cuisine, un WC, un bureau, deux salles de bains et quatre chambres. La maison se trouve dans un quartier tranquille mais près du centre-ville. J'habite la maison depuis cinq ans. C'est une maison typique du nord de l'Angleterre. Hier, j'ai rangé ma chambre pour aider ma mère, et mon père a préparé le dîner. Ce soir, je vais promener le chien et débarrasser la table.

> **TIP**
> In this section of the Speaking test, you will need to incorporate some opinions. The answers to the following questions will enable you to do so.

B
– *Où habitais-tu avant?*
Avant de déménager dans le nord de l'Angleterre, j'habitais un petit village dans le sud. Je préfère la nouvelle maison parce que ma chambre est plus grande et j'aime mon quartier car il y a beaucoup à faire. Il y a des magasins et un cinéma pas loin et le centre sportif est à dix minutes à pied. Je préférerais habiter une grande ville comme Leeds parce qu'il y aurait beaucoup à faire, mais ce serait difficile de faire de nouveaux amis dans une grande ville.

1.11

UNIT 2 ANSWERS & TIPS

— *Voudrais-tu habiter seul(e)?*
Je ne sais pas si je veux habiter seul(e).
J'aime mon indépendance, mais j'aime aussi le contact avec les autres.

Section Three

> **TIP**
> Try to communicate *all* the ideas and respond to the questions.

Exercise 1

L'année dernière je suis allé(e) en France en échange pour la première fois. Mon/Ma corres habitait à Laval avec sa famille.

Alors, le douze juillet je suis parti(e) pour la France. J'ai quitté la maison pour prendre le car au centre-ville et je suis arrivé(e) au port trois heures plus tard. Heureusement il ne faisait pas trop chaud, car je n'aime pas trop voyager en car quand il fait vraiment chaud!

— *Comment as-tu traversé la Manche?*
Après être arrivé(e) au port j'ai pris le bateau. De Portsmouth à Caen c'est un trajet de six heures et j'avais de la chance que la traversée était agréable. Pendant la traversée j'ai écouté de la musique et j'ai lu un livre que mon père m'a offert. Je suis allé(e) au restaurant dans le bateau et j'ai mangé du poisson et des frites. J'adore ça! Comme dessert j'ai pris une tarte aux fraises (c'était un bateau français) qui était vraiment délicieuse. Comme boisson, j'ai pris de l'eau, car je ne voulais pas être malade en arrivant en France.

— *Qu'est-ce que tu as fait, en arrivant en France?*
En descendant du bateau, j'ai rencontré mon/ma corres et sa famille. Nous sommes allés chez eux en voiture. Nous

UNIT 2 ANSWERS & TIPS

n'avons pas parlé dans la voiture parce que je me suis endormi(e), car j'étais très fatigué(e) après le voyage. En arrivant chez mon/ma corres, je me suis douché(e) et nous avons dîné: c'était très bon!

– *Et tu as discuté avec ton/ta corres?*
Oui, bien entendu. J'ai expliqué que j'aimais le sport et que je jouais au foot/à l'hockey en hiver et au tennis en été. Je lui ai dit aussi que j'aimais aller au café et aux concerts avec mes copains. J'ai aussi expliqué que je gagnais cinq livres par semaine en faisant des tâches ménagères. Je fais la vaisselle les jours de la semaine et je passe l'aspirateur le week-end. Ce n'est pas marrant, mais j'aime gagner de l'argent! J'ai aussi expliqué que la maison était à côté de l'hôpital, mais que les ambulances ne faisaient pas trop de bruit!

5–6 MARKS FOR THE MAIN POINTS, 7–8 MARKS IF YOU ADDED IMAGINATIVE DETAIL

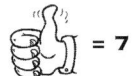

= 7

Exercise 2

– Je me suis perdu(e), Monsieur/Madame.
– En ce moment je loge chez mon ami(e) français(e).
– La maison est dans un quartier calme, près d'un grand bois et un parc.
– La maison est très vieille, à trois étages, et il y a un très grand arbre dans le jardin devant la maison.

2 MARKS PER CORRECT ANSWER, 1 MARK PER PARTIALLY CORRECT ANSWER

= 6

General conversation 3

TIP

In addition to all the material from previous conversation sections in this unit, the following answers will help you to expand on some basic responses.

– *Comment serait ta maison idéale?*
Ma maison idéale serait à l'étranger parce que j'adore le soleil et il n'y a pas assez de soleil en Angleterre. Elle serait peut-être en France ou en Espagne et elle serait assez grande pour moi et toute ma famille. Il y aurait un grand salon, plusieurs chambres pour les invités et aussi une grande piscine dans le jardin.

– *Serait-il important d'habiter près de tes parents?*
Mes parents pourraient venir passer les vacances à la maison ou peut-être deux mois, s'ils voulaient. Je ne veux pas être tout le temps avec eux ou habiter trop près. Mais c'est important de garder le contact! Ma maison serait près d'une bonne école pour mes enfants et aussi près des magasins. Je n'aimerais pas vivre à la campagne car ce serait trop calme pour moi.

– *Tu auras donc des enfants?*
Oui, j'aurai des enfants. Quand mes enfants seront assez âgés, ils m'aideront à la maison. Je crois que c'est important qu'ils apprennent à faire les tâches ménagères pour être plus indépendants et responsables dans l'avenir.

UNIT 3 ANSWERS & TIPS
Section One

Exercise 1

J'aime lire/les livres.
J'aime (regarder) la télé(vision).
(Je joue) au football.
Je joue de la guitare.
Je fais de l'équitation.
2 MARKS EACH = 10 MARKS

= 6

Exercise 2

1 Bonjour, Monsieur/Madame.
2 Je voudrais jouer au tennis/jouer au football/faire de l'équitation/faire du cyclisme/faire de la natation.
3 C'est combien?
4 Merci.
5 Au revoir.
2 MARKS EACH = 10 MARKS

= 6

Exercise 3

1 Bonjour/Salut.
2 Je voudrais aller au cinéma/au théâtre/au musée/au stade de foot/à la piscine.
3 C'est combien?
4 Merci.
5 Au revoir.
2 MARKS EACH = 10 MARKS

= 6

General conversation 1

A The answers to the five questions will give you a short passage like this:

> J'aime la musique pop et je préfère jouer au football. Je regarde beaucoup la télévision le week-end. Je préfère regarder les films d'action. Comme passe-temps j'adore nager.

B The answers to the nine questions will allow you to expand on what you have said previously.

> Mon passe-temps favori est la natation: je vais à la piscine trois fois par semaine. Je joue aussi au foot et le dimanche, je joue dans une équipe. J'aime la musique pop mais je ne sais pas jouer d'un instrument de musique. Mon groupe préféré est Blur et j'ai vu le groupe en concert à Birmingham. À la télé j'aime regarder les films, surtout les films d'action, mais je préfère être actif/active.

UNIT 3 ANSWERS & TIPS
Section Two

Exercise 1

1 Je fais du foot le week-end.
2 Normalement, je joue dans une équipe.
3 Je fais mes devoirs avant (de jouer).
4 Deux/trois/quatre/six/huit heures (par semaine).
5 J'ai joué au ping-pong/tennis de table.

2 MARKS PER CORRECT ANSWER, 1 MARK PER PARTIALLY CORRECT ANSWER

= 6

Exercise 2

Je voudrais voir un match de foot.
On se rencontre devant la maison.
À six heures.
On va aller/On ira au café après.

2 MARKS PER CORRECT ANSWER, 1 MARK PER PARTIALLY CORRECT ANSWER

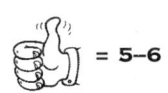

= 5–6

Exercise 3

1 Qu'est-ce qu'on passe/il y a à la télé?
2 J'aime aller au cinéma/au théâtre.
3 J'aime les films/pièces comiques.
4 Le film/La pièce commence à quelle heure?

2 MARKS PER CORRECT ANSWER, 1 MARK PER PARTIALLY CORRECT ANSWER

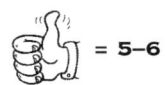

= 5–6

General conversation 2

TIP

Make sure you can answer the earlier questions fully before you tackle these, which will expand your answers. And don't forget that you will need to include references to past, present and future time frames. There is also room in this section to add your own opinions.

A Normalement le samedi, je fais la grasse matinée et je me lève vers onze heures. Quelquefois je vais en ville avec mes amis et quelquefois je vais au cinéma. Si je reste à la maison, je regarde la télé ou je joue de la batterie. Le dimanche, je vais à l'église le matin et l'après-midi je joue au football. Le dimanche soir, je fais mes devoirs!

Le week-end dernier, je suis allé(e) au cinéma samedi avec des copains voir un nouveau film comique. C'était très bien et nous avons beaucoup rigolé. Dimanche, je ne suis pas allé(e) à l'église mais l'après-midi j'ai joué au foot avec mon équipe. Nous avons gagné trois buts à un et moi, j'ai marqué un but! J'étais content(e).

Il n'y a pas de groupe que je voudrais vraiment voir, mais le week-end prochain, je vais aller à Cardiff voir un concert avec uniquement la musique des années soixante. Ce sera super!

UNIT 3 ANSWERS & TIPS

B
– *Quels sports as-tu pratiqués quand tu étais plus petit(e)?*
J'ai toujours aimé le sport. Je jouais au squash et au badminton, mais maintenant, je n'ai plus le temps et en plus, j'adore jouer au football. Je voudrais faire du ski un jour, mais en ce moment je n'ai pas assez d'argent!

Section Three

Exercise 1

– Je voudrais visiter les monuments/les musées.
– Je voudrais acheter des cadeaux pour ma famille.
– Je voudrais aller dans une discothèque.

2 MARKS PER CORRECT ANSWER, 1 MARK PER PARTIALLY CORRECT ANSWER

👍 = 4

Exercise 2

– Tu peux aller au cinéma, au centre sportif ou à la piscine.
– Je suis allé(e) à un concert il y a deux jours.
– C'était un concert de jazz et c'était fantastique.
– Je suis rentré(e) en taxi et il était une heure du matin.

2 MARKS PER CORRECT ANSWER, 1 MARK PER PARTIALLY CORRECT ANSWER

👍 = 5–6

Presentation 3

> **TIP**
> Use the underlined sections as cue cards to guide your presentation.

Il faut dire que je suis très <u>sportif/sportive</u>. Quand j'étais petit(e) mes parents m'ont encouragé(e) à faire du sport et je faisais partie d'une équipe de football. J'aimais l'eau aussi et j'ai

UNIT 3
ANSWERS & TIPS
Section Three

vite appris à nager. J'ai gagné beaucoup de prix dans des concours de natation. Je n'aime pas tellement lire mais quand j'ai un moment de libre, je regarde la télévision à la maison.

<u>Samedi dernier</u>, comme il faisait beau, <u>je suis sorti(e) avec des amis en ville</u> faire des achats. On s'est bien amusé ensemble et j'ai acheté de nouveaux vêtements et des CDs. Nous avons mangé chez McDonald's – il y avait beaucoup de monde mais nous avons réussi à trouver une table libre et nous avons mangé des hamburgers. C'était délicieux!

<u>Samedi soir, il y avait une boum chez une copine</u>. Alors, en rentrant chez moi, j'ai pris une douche et je me suis bien habillé(e) pour la boum. Je suis arrivé(e) à la boum à huit heures et demie et il y avait déjà beaucoup de monde. C'était super! – J'ai dansé et j'ai bien mangé et j'ai bien bu. J'avais le temps aussi de discuter avec tous mes copains et comme il n'y avait pas trop d'alcool, personne n'était ivre. J'ai quitté la maison de ma copine vers deux heures du matin et je suis rentré(e) chez moi à pied car ce n'était pas loin.

– *Et le dimanche?*
Le dimanche, je n'ai pas fait grand-chose. J'ai fait la grasse matinée et je me suis levé(e) pour manger à une heure. L'après-midi, j'ai lavé la voiture pour mon père car il me paie cinq livres chaque semaine, et puis le soir j'ai fait mes devoirs (surtout les devoirs de français), j'ai regardé la télé et puis je me suis couché(e) de bonne heure.

– *Et le week-end prochain?*
Le week-end prochain, je vais voir mes grands-parents au bord de la mer. Ils habitent à Folkestone et nous n'allons pas les voir souvent. Nous mangerons bien car ma grand-mère est très bonne cuisinière et mon grand-père me donne toujours de l'argent!

– *Est-ce que tu feras des sorties?*
Sans doute je regarderai la télévision et je lirai un magazine. Peut-être j'irai au centre-ville faire des courses ou j'irai au cinéma car je ne veux pas rester enfermé(e) toute la journée. Peut-être nous prendrons le Shuttle pour aller en France – ce n'est pas cher si on part après six heures du soir. Ce sera bien de manger dans un restaurant en France car mes parents aiment bien la cuisine française!

– *Et en rentrant chez toi?*
Je rentrerai chez moi le dimanche après-midi et sans doute je resterai chez moi. S'il fait beau, j'irai au parc jouer au foot avec des copains, mais autrement j'écouterai des cassettes.

UNIT 4 ANSWERS & TIPS
Section One

TIP
Don't forget that some answers could be only one word!

Exercise 1

Avez-vous une chambre de libre?/Avez-vous de la place?
C'est pour deux (personnes).
C'est pour trois nuits.
Une chambre avec douche.
C'est combien?
2 MARKS EACH = 10 MARKS

= 6

Exercice 2

Avez-vous une chambre de libre?
Vous avez une chambre avec bain?
C'est combien?
Le petit déjeuner est à quelle heure?
2 MARKS EACH = 8 MARKS

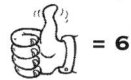

= 6

Exercice 3

Je voudrais rester quatre nuits.
Il y a quatre adultes.
C'est combien?
Où sont les dortoirs?/Où est le dortoir?
2 MARKS EACH = 8 MARKS

= 6

Presentation and Discussion 1
A 1b, 2e, 3f, 4a, 5d, 6c.

Pour ta présentation, parle-moi de tes vacances.
– *Où vas-tu en vacances?*
Je vais en vacances en France. Normalement je vais en voiture avec ma famille. Je reste deux semaines et d'habitude je joue sur la plage et je nage dans la mer. Il y a des bars et des boîtes de nuit pour sortir le soir.

B
– *Que fais-tu sur la plage?*
Je prends un bain de soleil et je nage dans la mer.

– *Tu aimes jouer au volleyball/football?*
J'aime jouer au volleyball, mais je n'aime pas du tout le football.

– *Qu'est-ce que tu manges normalement?*
Normalement, je mange la nourriture anglaise!

– *Tu aimes prendre un bain de soleil?*
Oui, j'aime me bronzer.

– *Qu'est-ce que tu aimes visiter?*
Je n'aime pas trop les musées, mais j'adore danser et aller dans les discothèques.

– *Tu préfères la France ou l'Angleterre?*
Je préfère la France – il fait plus chaud!

– *Où es-tu allé(e) en vacances l'année dernière?*
Je suis allé(e) en France.

UNIT 4 ANSWERS & TIPS

– *Comment as-tu voyagé?*
J'ai voyagé en voiture et en bateau.

– *Quel temps faisait-il?*
Il faisait chaud et beau.

Section Two

Exercise 1

1 J'ai (fait) une réservation.
2 Pour cinq personnes. Je voudrais une chambre avec douche/télévision.
3 Trois jours/une semaine/cinq nuits.
4 Il y a une piscine/Il y a un ascenseur?
5 Vous fermez à quelle heure?

2 MARKS PER CORRECT ANSWER, 1 MARK PER PARTIALLY CORRECT ANSWER

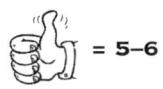

👍 = 5–6

Exercise 2

Nous sommes deux adultes et deux enfants.
Huit ans et douze ans.
Pour une semaine.
Il y a une douche ou une baignoire dans la chambre?

2 MARKS PER CORRECT ANSWER, 1 MARK PER PARTIALLY CORRECT ANSWER

👍 = 6

General conversation 2

– *Où est-ce que tu iras cette année?*
Je vais aller en Grèce! Je vais voyager avec mes copains et nous allons y passer trois semaines.

– *Iras-tu avec tes parents? Pourquoi pas?*
J'aimais passer des vacances avec mes parents, mais maintenant que je suis plus âgé(e), je préfère passer les vacances avec mes amis. Je suis allé(e) en

UNIT 4
ANSWERS & TIPS
Section Two

vacances avec des amis l'année dernière et mes parents m'ont fait confiance.

– *Quel temps fera-t-il?*
Il fera beau, j'espère. Je ne resterai pas tout le temps au soleil car je prends facilement un coup de soleil! Je deviens rouge comme une tomate!

– *Est-ce que tu voudrais aller en Amérique?*
Oui. Beaucoup de mes amis sont allés en Amérique et ils ont tous dit que c'était très bien. Tout le monde a passé de très bonnes vacances et moi, je vais faire des économies pour me payer ce voyage un jour.

– *Qu'est-ce que tu feras en Amérique?*
J'irai à Disney – ce sera la première fois pour moi. Nous passerons quatre jours à Disney et une semaine à la plage.

– *Est-ce qu'il y a d'autres pays que tu voudrais visiter? Pourquoi?*
Je ne suis jamais allé(e) en Australie et je voudrais y passer quelques semaines pour voir une partie du pays. J'ai des amis qui y sont allés il y a deux ans et ils m'en ont tellement parlé que j'ai décidé d'y aller aussi.

– *Si tu gagnais à la Loterie, où irais-tu en vacances?*
Si je gagnais à la Loterie, je ferais le tour du monde en avion, car il y a beaucoup de pays que je voudrais visiter.

– *Avec qui irais-tu?*
Si j'avais beaucoup, beaucoup d'argent, j'offrirais le voyage à mes parents et à mon frère aussi.

– *Quelles seraient tes vacances idéales? Pourquoi?*
Mes vacances idéales seraient très longues, peut-être trois ou quatre mois. Je ferais un tour du monde et je resterais dans les pays chauds!

UNIT 4 ANSWERS & TIPS
Section Three

> **TIP**
> Try to respond to the questions and communicate all the ideas.

Exercise 1

L'année dernière, au mois de juillet, je suis allé(e) en France avec ma famille. Nous avons décidé d'y aller en voiture. Un jour, un vendredi je crois, nous sommes partis en voiture pour aller au port. Il faisait beau temps le jour de notre départ et tout le monde a dit que c'était un bon début de nos vacances.

Mon père a conduit jusqu'à Douvres, mais en route nous nous sommes arrêtés à une station-service. Tout le monde a mangé quelque chose et mon père a fait le plein d'essence.

– *Qu'est-ce que tu as mangé?*
J'ai mangé du poulet et des frites avec des haricots et j'ai bu du coca. Mon frère a mangé exactement pareil et mes parents ont pris du steack et ils ont bu de la limonade.

Nous sommes arrivés au port et nous avons vu notre bateau. Quinze minutes plus tard, nous sommes montés dans le bateau et nous avons garé la voiture. Nous avons trouvé des places et nous nous sommes installés. Un peu plus tard, nous avons décidé de faire un tour car nous savions que notre voyage allait durer cinq heures.

Mes parents sont allés aux magasins où ils ont acheté des boissons et du parfum. Mon frère et moi, nous avons fait un tour, puis nous avons joué aux cartes et nous avons écouté de la musique. Nous avons décidé de ne pas aller au cinéma, car le film était un dessin animé et nous n'aimons pas ça!

Nous sommes arrivés en France et nous avons commencé notre voyage vers Laval. Mon père conduisait à droite avec un peu de difficulté! Nous sommes passés devant un zoo et nous nous sommes arrêtés pour le visiter.

– *Qu'est-ce que vous avez vu?*
Nous avons vu beaucoup d'animaux, mais mon animal favori c'est le lion. Il y avait trois ou quatre lions dans le zoo et ils étaient magnifiques! Nous sommes restés au zoo pendant trois heures et puis nous sommes repartis. Nous sommes passés devant un château et comme mon père était un peu fatigué, nous nous sommes arrêtés pour faire un pique-nique. C'était super! Nous avons mangé des sandwichs, des chips et des gâteaux. Nous avons bu du coca encore une fois. Une demi-heure plus tard, nous avons continué notre voyage vers Laval. C'était un très bon début de vacances.

5-6 MARKS FOR COMMUNICATING THE MAIN POINTS, 7–8 MARKS IF YOU ADDED IMAGINATIVE IDEAS.

👍 = 7

Exercise 2

1 Je suis désolé(e), mais nous allons être en retard.

Unit 4

Section Three

Answers & Tips

2 Notre bateau avait une heure de retard.
3 Est-ce que le restaurant sera ouvert quand nous arriverons?
4 Je m'appelle Evans: E V A N S. Nous allons arriver vers onze heures.

2 MARKS PER CORRECT ANSWER, 1 MARK PER PARTIALLY CORRECT ANSWER

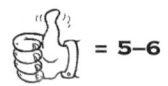

👍 = 5–6

General conversation 3

> **TIP**
>
> Give as much detail as you can. At this level, two or three words will not be adequate.

– *Où es-tu allé(e)?*
L'année dernière, je suis allé(e) en France pour faire un échange scolaire avec notre ville jumelée. Je suis parti(e) avec mes amis en bus très tôt le matin et nous sommes vite arrivés au port. Nous avons pris le bateau pour traverser la Manche et nous sommes arrivés à Laval à six heures du soir.

– *Comment était la famille?*
Mon correspondant/Ma correspondante est venu(e) me chercher au car et m'a présenté(e) à sa famille. Ils avaient tous l'air gentil et en arrivant à la maison nous avons mangé ensemble. Le lendemain, j'ai vu que mon correspondant/ma correspondante avait les mêmes intérêts que moi. Dans sa chambre il y avait des posters de musiciens de rock et de football américain.

– *Qu'est-ce que tu as fait?*
Pendant mon séjour, nous avons fait une visite à Futuroscope à Poitiers, qui était super chouette, et aussi une visite aux grottes de Saulges, que je n'ai pas tellement aimées. Je n'aime pas trop être enfermé(e) comme ça. Nous sommes allés au centre sportif avec des amis de mon correspondant/ma correspondante où nous avons joué au tennis et nous avons nagé dans la piscine. J'ai adoré cette journée-là.

– *Comment était la nourriture?*
Il faut dire que la mère de mon correspondant/ma correspondante a cuisiné des repas extraordinaires! J'ai pris quelques kilos car la nourriture était si bonne – il y avait toujours de la viande ou du poisson pour le plat principal et toujours un dessert et du fromage. J'ai beaucoup apprécié la cuisine française, mais je me suis mis(e) au régime quand je suis rentré(e) chez moi.

– *Tu vas y retourner l'année prochaine?*
Je ne suis pas sûr(e) si je vais y retourner l'année prochaine car j'aurai des examens tout de suite après le retour de l'échange scolaire. Je voudrais y retourner car je me suis entendu(e) tellement bien avec mon correspondant/ma correspondante et sa famille. Lui/Elle aussi s'est bien plu quand il/elle était chez moi. De toute façon, mes parents m'ont dit que c'est à moi de décider car ils ont remarqué que j'ai fait énormément de progrès en français!

UNIT 5 ANSWERS & TIPS

Section One

> **TIP**
> Don't forget that a correct answer could be only one word.

Exercise 1

J'ai mal au ventre/à l'estomac.
(Depuis) Deux jours.
Je voudrais de l'aspirine.
C'est combien?
Merci.
2 MARKS EACH = 10 MARKS

👍 = 6

Exercise 2

J'ai mal à la tête.
Je voudrais de l'aspirine.
C'est combien?
Au revoir, Monsieur/Madame.
2 MARKS EACH = 8 MARKS

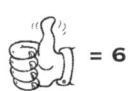

👍 = 6

Exercise 3

1 Bonjour, Monsieur/Madame.
2 Je voudrais du dentifrice/du savon/du sparadrap/des ciseaux/une brosse à cheveux.
3 C'est combien?
4 Merci, Monsieur/Madame.
5 Au revoir.
2 MARKS EACH = 10 MARKS

👍 = 6

General conversation 1

1e, 2h, 3g, 4f, 5a, 6b, 7d, 8c.

Section Two

Exercise 1

1 J'ai vomi/J'ai été malade.
2 J'ai de la fièvre/J'ai mal à la tête/J'ai mal à l'estomac.
3 Depuis deux heures/ce matin/hier/deux jours.
4 C'est grave?
5 Il faut en prendre combien par jour?
2 MARKS PER CORRECT ANSWER, 1 MARK PER PARTIALLY CORRECT ANSWER

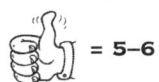

👍 = 6

Exercise 2

J'ai (pris) un coup de soleil.
J'ai mal à la tête et j'ai vomi.
Depuis hier/deux jours.
Il faut boire combien (de litres)?
2 MARKS PER CORRECT ANSWER, 1 MARK PER PARTIALLY CORRECT ANSWER

👍 = 5–6

Exercise 3

1 J'ai perdu mon manteau/mon sac/mon portefeuille.
2 (Je l'ai perdu) Dans le car (bus)/le café/le train.
3 Il est noir/brun/bleu. Il est en cuir/en laine. Il est long/grand/petit.
4 Quand est-ce que je dois revenir?
2 MARKS PER CORRECT ANSWER, 1 MARK PER PARTIALLY CORRECT ANSWER

👍 = 5–6

UNIT 5

ANSWERS & TIPS

Section Two

General conversation 2

> **TIP**
> Don't forget to look back at the earlier General Conversation section and make sure you can answer all the questions. You will need to include past, present and future time frames in this section.

A Normalement je ne bois pas beaucoup de café parce que je deviens trop stressé(e) et j'essaie de manger d'une façon équilibrée. Je ne mange pas trop de choses sucrées parce que c'est mauvais pour les dents. Je mange des fruits et des légumes et je bois du lait car c'est plein de calcium. Je vais chez le dentiste une fois tous les six mois – j'y suis allé(e) pour la dernière fois la semaine dernière. Je n'avais rien aux dents! Je suis allé(e) chez le médecin pour la dernière fois quand j'avais douze ans. J'avais l'appendicite et je suis resté(e) à l'hôpital pendant trois jours. Ce n'était pas mal et j'ai mangé beaucoup de glace!

B J'irais chez le médecin si j'étais malade, mais pas si j'étais simplement enrhumé(e). J'irais chez le dentiste si j'avais mal aux dents, mais j'y vais quand même tous les six mois. Si je voulais acheter de l'aspirine ou des pastilles pour la gorge, j'irais à la pharmacie. Si je voyais un accident, je téléphonerais à l'ambulance et à la police et je resterais avec les blessés, s'il y en avait. S'il y avait un incendie chez moi, je téléphonerais aux pompiers et je sortirais de la maison. Je vérifierais qu'il n'y avait personne dans la maison.

UNIT 5 ANSWERS & TIPS
Section Three

Exercise 1

– Je voudrais voir le dentiste, s'il vous plaît.
– J'ai mal aux dents/J'ai perdu un plombage.
– Le problème a commencé hier soir.
– Je loge à l'Hôtel Anglais et je suis britannique. J'ai seize ans.

2 MARKS EACH = 10 MARKS

👍 = 6

Exercise 2

1 J'ai perdu mon sac/ma valise.
2 Mon sac est noir/marron/bleu et assez grand. Dedans il y avait des vêtements et une serviette.
3 J'ai vu mon sac/ma valise pour la dernière fois ce matin dans le café/à la gare.
4 Je m'appelle Weston: W E S T O N, et j'habite chez mon correspondant/ma correspondante, au 11, rue de la Gare.

2 MARKS EACH = 8 MARKS

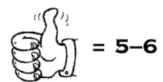

👍 = 5–6

General conversation 3

> **TIP**
> You will need to look back to the previous two sections on this topic and make sure that you can answer all the questions before you move on.

A Un fumeur peut avoir beaucoup de problèmes médicaux. Il peut avoir des cancers de la gorge, de la bouche ou des poumons. Il peut avoir aussi les doigts jaunes et une mauvaise haleine. Chez les buveurs il y a les maladies des reins et aussi la possibilité de l'alcoolisme. On peut boire avec des amis mais il faut savoir quand s'arrêter sans devenir ivre.

Quant aux drogues, c'est tout à fait une autre question. Les drogues sont très dangereuses pour la santé: on ne peut pas vivre d'une façon normale et on ne voit pas les choses de la même façon que les autres. Cela coûte très cher et souvent on vole pour acheter des drogues. Parfois on peut prendre des drogues pour supprimer de graves douleurs.

On mange les fruits et les légumes pour avoir des vitamines. On dit aussi que manger cinq fruits ou légumes frais par jour aide à empêcher le cancer. Pour avoir la forme, il faut avoir un régime équilibré et faire de l'exercice.

B L'exercice physique est important pour la circulation du sang et pour développer les muscles. Parfois il y a des inconvénients: ce n'est pas amusant de faire du sport quand il pleut ou quand il fait froid.

Sans être dans une équipe, on peut faire des randonnées ou promener son chien. On peut jouer au squash ou au badminton. La natation aussi est très bonne pour la forme. Un

UNIT 5
ANSWERS & TIPS
Section Three

sportif/une sportive doit faire attention à ce qu'il/elle mange: il faut avoir dans son régime assez de protéines et d'hydrates de carbone. Même les personnes âgées peuvent jouer aux boules ou faire des randonnées.

UNIT 6 ANSWERS & TIPS

Section One

> **TIP**
> Don't forget that some answers could be only one word.

Exercise 1

Je voudrais un plan/une carte de la ville.
Il y a une banque?
Ça ouvre à quelle heure?
Pour aller à la banque?
Il y a un parking?
2 MARKS EACH = 10 MARKS

👍 = 6

Exercise 2

(Je voudrais) Deux cartes postales, s'il vous plaît.
(Je voudrais) Des timbres.
C'est pour l'Angleterre.
Où est la boîte aux lettres?
2 MARKS EACH = 8 MARKS

👍 = 6

Exercise 3

1 Bonjour, Monsieur/Madame.
2 (Je voudrais) Des baskets/une chemise/un pantalon/un pullover/des gants.
3 C'est combien?
4 Merci.
5 Au revoir.
2 MARKS EACH = 10 MARKS

👍 = 6

Exercise 4

1 Bonjour, Monsieur/Madame.
2 (Je voudrais) Une carte postale/un stylo/du papier/un livre/un timbre.
3 C'est combien?
4 Merci.
5 Au revoir.
2 MARKS EACH = 10 MARKS

👍 = 6

General conversation 1

> **TIP**
> Shopping is often seen as a topic where you cannot say very much. However the answers to the questions will enable you to hold a short conversation.

A Il y a beaucoup de magasins près de chez moi. J'aime les magasins de sport. Je fais mes achats dans un supermarché et j'achète la nourriture aussi dans un supermarché. J'achète mes vêtements dans les grands magasins. Je n'aime pas aller dans les magasins avec mes parents. Pour Noël je vais acheter des vêtements et du chocolat pour mon ami(e).

UNIT 6

Section One

> **TIP**
> The answer to the questions will expand what you are able to say and will give you a few more ideas.

B Je préfère le magasin de musique car j'aime la musique. C'est un magasin où il y a beaucoup de choix. J'aime les magasins dans les grandes villes. J'achète la viande dans une boucherie. J'achète la nourriture dans un supermarché. Je n'achète pas de vêtements de marque – ils sont trop chers.

Section Two

Exercise 1

1 Je voudrais changer de l'argent.
2 J'ai cinquante livres en (argent) liquide/billets/cash.
3 (J'ai) Un passeport.
4 (Je vais rester) Deux semaines/Sept jours/Un mois.
5 Qu'est-ce que je dois faire?

2 MARKS PER CORRECT ANSWER, 1 MARK PER PARTIALLY CORRECT ANSWER

👍 = 6

Exercise 2

Je voudrais cinq timbres.
C'est pour l'Angleterre/l'Espagne/l'Ecosse.
J'ai un billet de cinq cents francs.
Où est la boîte aux lettres?

2 MARKS PER CORRECT ANSWER, 1 MARK PER PARTIALLY CORRECT ANSWER

👍 = 5–6

Exercise 3

1 Je voudrais acheter un pullover/une chemise/un jean.
2 (Je suis d') Une petit(e)/moyen(ne)/grand(e) taille.
3 Rouge/jaune/marron.
4 (Je vais payer) Avec une carte de crédit/Par chèque/En liquide.

2 MARKS PER CORRECT ANSWER, 1 MARK PER PARTIALLY CORRECT ANSWER

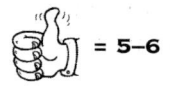

👍 = 5–6

UNIT 6
ANSWERS & TIPS
Section Two

General conversation 2

> **TIP**
> Don't forget to look back at the earlier General Conversation section and make sure you can answer all the questions. It may also help to think of a recent shopping trip, either in the UK or abroad. Remember that you need to use the past, present and future in this section.

A Je suis allé(e) en ville faire des achats. J'y suis allé(e) en voiture avec mes parents et mon ami(e). Nous sommes allé(e)s dans beaucoup de magasins et j'ai acheté de nouveaux vêtements – j'ai acheté un pullover vert et une chemise bleue. Je suis allé(e) au magasin de musique et j'ai acheté des CDs en promotion. J'ai acheté des fleurs pour ma mère et des bonbons pour mon père. J'ai acheté des cadeaux pour Noël – des cassettes et des vidéos qui étaient en promotion.

B Ce week-end je vais aller/j'irai faire du shopping à Londres. Je vais acheter des cassettes et des CDs. J'achèterai aussi un jean et un nouveau manteau. Pour mes vacances je vais acheter quelques T-shirts et des shorts.

Pour Pâques, je vais acheter des œufs en chocolat pour toute ma famille et peut-être des fleurs pour ma mère. Pour Noël, je vais acheter des choses que je vois en promotion qui vont plaire à ma famille et à mes amis.

Si j'avais beaucoup d'argent, j'achèterais une nouvelle voiture pour moi et j'irais en vacances en Amérique avec toute la famille. Nous avons toujours voulu y aller!

UNIT 6 ANSWERS & TIPS

Section Three

Exercise 1

– J'ai acheté un sweatshirt/un pullover/un jean hier/samedi dernier.
– Le tissu est déchiré/Il manque un bouton/Ce n'est pas bien cousu.
– Je voudrais un autre sweatshirt/pullover/jean ou je voudrais être remboursé(e).

2 MARKS PER CORRECT ANSWER, 1 MARK PER PARTIALLY CORRECT ANSWER

👍 = 4

Exercise 2

Ce pullover est trop grand/petit.
Je l'ai acheté hier/il y a deux jours.
Je voudrais un autre pullover.
Je voudrais être remboursé(e).

2 MARKS PER CORRECT ANSWER, 1 MARK PER PARTIALLY CORRECT ANSWER

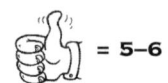

👍 = 5–6

General conversation 3

> **TIP**
> In this section, you will have to make comparisons. Look carefully at how you can do this.

A

– *Où est-ce que tu fais tes achats?*
Normalement, je fais mes achats dans une grande ville. Je préfère faire du shopping dans une grande ville parce que les magasins sont plus grands et moins chers. Il y a beaucoup de choix dans les grands magasins, mais il y a aussi beaucoup de monde. Dans les petits magasins dans les villages ou les petites villes, les gens connaissent leurs clients et parfois on est mieux servi. Souvent il n'y a pas le même choix que dans les grands magasins et les articles sont souvent plus chers.

– *Est-ce que tu achètes des vêtements de marque?*
J'aime acheter des vêtements de marque de temps en temps. Je ne peux pas m'en payer beaucoup, mais j'aime en avoir pour les boums et les concerts. Je ne peux pas les porter à l'école car je ne veux pas les perdre.

– *Préfères-tu les grands supermarchés ou les magasins spécialises?*
J'achète tous mes vêtements dans les magasins spécialisés car il y a beaucoup de choix et les articles sont bien fabriqués. Pour l'alimentation, nous allons dans une grande surface, parce que c'est moins cher et il y a beaucoup de variété.

B

– *Quels sont les inconvénients d'avoir des vêtements de marque?*
Les vêtements de marque sont très bien faits et j'aime bien les porter le week-end et aux boums. Parfois les gens deviennent jaloux et essaient de les voler – c'est pour cette raison que je n'en ai pas beaucoup.

– *Est-ce qu'il y a des avantages quand on fait des achats à l'étranger*
Nous allons souvent en France faire des achats. Mon père aime acheter du vin et ma mère aime acheter des produits alimentaires – ils me disent que c'est

UNIT 6
Section Three

ANSWERS & TIPS

moins cher qu'en Angleterre. Moi, j'aime bien acheter des bonbons, surtout du chocolat belge.

– *Quels sont les avantages des cartes de crédit?*
Les cartes de crédit sont bien, on n'a pas besoin d'avoir de l'argent sur soi. Mais l'inconvénient, c'est qu'on peut avoir des problèmes financiers.

– *Est-ce que tu as assez d'argent?*
J'ai assez d'argent, je pense. Mes parents me donnent de l'argent de poche et je travaille dans un café le week-end pour avoir de l'argent supplémentaire.

UNIT 7 ANSWERS & TIPS

Section One

> **TIP**
> Don't forget that some answers could be only one word.

Exercise 1

(Je voudrais) Du fromage.
Deux cent cinquante grammes.
Des bananes, s'il vous plaît.
(J'en voudrais) Trois.
Oui, merci. Ça fait combien?
2 MARKS EACH = 10 MARKS

👍 = 6

Exercise 2

Je voudrais réserver pour demain soir.
Une table pour deux (personnes).
Pour vingt heures/huit heures.
Il y a/vous avez un parking?
2 MARKS EACH = 8 MARKS

👍 = 6

Exercise 3

1 Bonjour, Monsieur/Madame.
2 Je voudrais un chou/des pommes de terre/des petits pois/des haricots/des carottes.
3 C'est combien?
4 Merci.
5 Au revoir.
2 MARKS EACH = 10 MARKS

👍 = 6

Exercise 4

1 Bonjour, Monsieur/Madame.
2 Je voudrais du gâteau/un thé/des frites/un sandwich/du lait.
3 C'est combien?
4 Merci.
5 Au revoir.

Presentation 1

> **TIP**
> Food and drink does not lend itself naturally to much conversation. However, the answers to the questions will enable you to hold a short conversation.

A Je mange des céréales pour le petit déjeuner et je bois du jus d'orange. Je n'aime pas le café ou le thé. Pour le déjeuner, je mange des sandwichs au fromage ou au jambon et je bois du coca. Pour le dîner, j'aime manger du poisson et des frites, et boire de la bière.

B
> **TIP**
> The answers to the second set of questions will expand what you are able to say and give you a few more ideas:

– Quel légumes est-ce que tu aimes?
Je n'aime pas les légumes sauf les tomates et les frites. J'aime manger du fast food.

– Tu manges de la viande?
Oui, j'aime le poulet et le porc mais j'aime aussi le poisson. Le poisson et les frites, c'est mon repas favori.

– Tu manges souvent au restaurant?
Je mange au restaurant de temps en temps. Je préfère la cuisine chinoise.

132

UNIT 7 ANSWERS & TIPS

Section Two

Exercise 1

1 Je n'ai pas (fait) de réservation.
2 (Nous sommes) Quatre personnes.
3 Près de la fenêtre.
4 Je voudrais le menu à cent vingt francs pour tout le monde/quatre.
5 Je voudrais un autre verre/Il manque un verre.

2 MARKS PER CORRECT ANSWER, 1 MARK PER PARTIALLY CORRECT ANSWER.

👍 = 6

Exercise 2

Je suis allé(e) au restaurant.
(C'était) Un restaurant italien.
J'ai bu du vin rouge.
Mon père a payé.

2 MARKS PER CORRECT ANSWER, 1 MARK PER PARTIALLY CORRECT ANSWER.

👍 = 5–6

Exercise 3

TIP

Answers do not have to be complete sentences to be correct!

1 Je voudrais une table pour deux/trois/quatre personnes.
2 À la terrasse/près de la fenêtre/au coin.
3 De la bière/de la limonade/de l'eau/du vin.
4 Il manque un couteau/une fourchette/une cuillère.

2 MARKS PER CORRECT ANSWER, 1 MARK PER PARTIALLY CORRECT ANSWER.

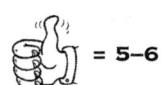

👍 = 5–6

General conversation 2

TIP

Don't forget to look back at the earlier General Conversation section and make sure you can answer all the questions. As you are aiming to use a past time frame, think of a specific meal – Christmas, for example.

A À Noël, j'ai mangé de la dinde avec des pommes de terre et des choux de Bruxelles. C'était très bon et j'ai bu du vin japonais! Ce n'était pas bon – je préfère le vin français. Ma mère a fait la cuisine avec ma grand-mère. J'ai aidé un peu: j'ai mis la table et j'ai préparé les légumes.

J'ai ouvert mes cadeaux avant de manger. Mon frère et ma sœur sont plus jeunes et ils ont voulu ouvrir les cadeaux le plus vite possible. Le soir, nous avons mangé des restes et le gâteau que ma grand-mère a préparé. Je n'aime pas manger ce gâteau car je suis allergique aux noix!

UNIT 7 ANSWERS & TIPS

Section Two

B Un jour, je voudrais essayer la cuisine japonaise. Je ne sais pas si je vais aimer le poisson cru, mais j'aimerais essayer une fois.

J'aime manger en famille car il y a une bonne ambiance. Je déteste manger les noix et aussi les légumes, mais j'aime boire du vin. Je préfère le vin blanc – je n'aime pas trop le vin rouge. Je ne peux pas être végétarien(ne) car j'aime beaucoup le fast food.

Pour être en forme, il faut suivre un régime équilibré et pas trop de choses sucrées ou grasses.

Section Three

Exercise 1

– Quelles sont vos heures d'ouverture, s'il vous plaît?
– Est-ce que vous servez des spécialités?
– J'aime manger du poisson.
– Je voudrais réserver une table pour demain soir à sept heures pour trois personnes.
– Je voudrais une table près du bar.
– Un ami a recommandé votre restaurant.

2 MARKS PER CORRECT ANSWER, 1 MARK PER PARTIALLY CORRECT ANSWER

= 6

Exercise 2

– Si on allait au café prendre quelque chose à boire?
– Tu voudrais aller manger?
– Un restaurant français peut-être?
– On se rencontre devant le cinéma à six heures et demie.

2 MARKS PER CORRECT ANSWER, 1 MARK PER PARTIALLY CORRECT ANSWER

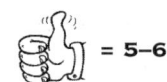

= 5–6

UNIT 7
ANSWERS & TIPS
Section Three

General conversation 3

> **TIP**
> You will need to look back to the previous two sections on this topic and make sure that you can answer all the questions. Try to justify your opinions with some examples to give a detailed answer.

A Je pense que les plats végétariens sont plutôt fades, mais de temps en temps j'aime manger un repas sans viande. J'aime surtout les pâtes et j'aime les légumes avec une sauce au fromage. À la maison, j'aime préparer des repas simples.

Mon repas favori, c'est de l'agneau rôti avec des pommes de terre et des carottes. Pour le dessert j'aime faire une salade de fruits avec des pommes, des oranges, des fraises, des pêches, des poires et des kiwis. Je mets tous les fruits dans un grand bol avec du jus d'orange et du Cointreau. C'est très bon!

Je n'aime pas trop la cuisine chinoise mais je n'aime pas la cuisine anglaise non plus si c'est trop fade. J'aime la nourriture un peu épicée mais pas trop. Comme plat chinois, j'aime le poulet au citron et le bœuf au poivron vert.

Quand je suis allé(e) en Espagne l'année dernière, j'ai mangé des plats espagnols. J'ai apprécié la paella avec des fruits de mer, car j'aime les fruits de mer et le riz. J'ai trouvé le pain très bon et j'étais content(e) car les Espagnols ne mangent pas trop de gâteaux!

Mon restaurant préféré est un restaurant indien. On y joue de la musique indienne. Il y a plusieurs tables et le décor est rose et vert avec des tables en bois. Il y a des tableaux aux murs et les cadres sont dorés – un restaurant tout à fait superbe (la nourriture aussi!).

> **TIP**
> The second set of questions will help to expand your answers and give you extra items for discussion

B Je voudrais essayer la cuisine japonaise. Je n'aime pas l'idée du poisson cru, mais on me dit que c'est très bon à manger. Il y a aussi des soupes qui sont très bonnes et beaucoup de plats de viande que je voudrais essayer un jour. La nourriture étrangère m'intéresse beaucoup!

UNIT 8 ANSWERS & TIPS

Section One

> **TIP**
> Don't forget that some answers can be only one word!

Exercise 1

C'est le français.
Non, je n'aime pas ça/je déteste ça.
C'est difficile.
C'est à dix heures.
Je mange le déjeuner/Je déjeune.
2 MARKS EACH = 10 MARKS

👍 = 6

Exercise 2

C'est l'histoire
Le prof(esseur) est intéressant.
Tu aimes l'anglais?
L'histoire et l'art.
2 MARKS EACH = 8 MARKS

👍 = 6

Exercise 3

1 Bonjour, Monsieur/Madame.
2 Je voudrais un crayon/un cahier/une gomme/un stylo/une règle.
3 C'est combien?
4 Merci.
5 Au revoir.
2 MARKS EACH = 10 MARKS

👍 = 6

Exercise 4

1 Bonjour, Monsieur/Madame.
2 Je voudrais un livre de sciences/de maths/d'anglais/d'histoire/d'allemand.
3 C'est combien?
4 Merci.
5 Au revoir.
2 MARKS EACH = 10 MARKS

👍 = 6

General conversation 1

> **TIP**
> For this topic, you must able to communicate the basic information about school, such as times and subjects.

A Mon école s'appelle Frome Community College. Il y a mille deux cents élèves. Les cours commencent à neuf heures vingt et il y a six cours par jour. Un cours dure cinquante minutes et les cours finissent à quatre heures moins vingt. Ma matière préférée est l'allemand.

> **TIP**
> The answers to the second set of questions will expand what you are able to say

B Je fais l'anglais, le français, l'allemand, les maths, l'art, les sciences et l'histoire. Je préfère l'art et les langues. Je déteste les sciences. J'arrive à l'école en bus à huit heures et demie. Je déjeune à la cantine et je fais deux heures de devoirs par jour.

UNIT 8 ANSWERS & TIPS

Section Two

Exercise 1

1 Il y a mille deux cents élèves.
2 Les professeurs sont gentils.
3 Je ne l'aime pas/Je déteste l'uniforme.
4 La géo(graphie).
5 J'ai travaillé très dur.

2 MARKS PER CORRECT ANSWER, 1 MARK PER PARTIALLY CORRECT ANSWER

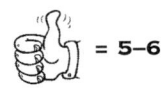

= 5–6

Exercise 2

– On quitte la maison à huit heures.
– On y va en bus/à pied/en voiture/à vélo.
– Normalement, j'y vais avec un ami/une amie.
– Il faut porter une chemise blanche et un jean propre.

2 MARKS PER CORRECT ANSWER, 1 MARK PER PARTIALLY CORRECT ANSWER

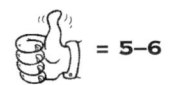

= 5–6

Exercise 3

1 Il est petit/moyen/grand.
2 Les cours commencent à neuf heures et quart.
3 Un cours dure quarante-cinq minutes.
4 Je fais une heure/deux heures/trois heures de devoirs par jour.

2 MARKS PER CORRECT ANSWER, 1 MARK PER PARTIALLY CORRECT ANSWER

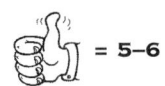

= 5–6

Presentation 2

TIP

Don't forget to look back at the earlier General Conversation section and make sure you can answer all the questions in that section.

A Mon collège, c'est un collège mixte pour les élèves de treize à dix-huit ans. C'est assez moderne avec quatre grands bâtiments et beaucoup de salles et de laboratoires. Il y a aussi quatre salles d'ordinateurs. Ce n'est pas une école privée mais il y a un uniforme scolaire. Je porte une chemise blanche, une jupe/un pantalon noir et un sweatshirt de l'école. Les garçons portent une cravate. J'aime l'uniforme car je ne dois pas décider comment m'habiller le matin et on ne voit pas les différences entre les élèves. Comme inconvénients, je n'aime pas le sweatshirt et je préfère porter un T-shirt et un jean. L'année dernière, je faisais partie de l'équipe de basketball à l'école. Je passe des examens dans neuf matières cette année et en ce moment je travaille très dur.

UNIT 8 ANSWERS & TIPS

Section Two

> **TIP**
> Don't forget the requirement in this part of the Speaking test to include past, present and future time frames.

B

– *L'année prochaine, qu'est-ce que tu vas faire?*
Je vais rester au collège pour étudier l'anglais, l'histoire et les maths. Après cela je vais aller à l'université pour étudier l'anglais.

– *Quel métier veux-tu faire?*
Je voudrais être professeur dans une école primaire parce que j'aime bien travailler avec les petits enfants.

– *Quelle expérience faut-il avoir?*
Il faut avoir travaillé avec les petits et avoir de la patience et un sens de l'humour.

Section Three

Exercise 1

– *Ça te plaît, les projets pour ta visite? Qu'est-ce que tu n'aimes pas faire?*
J'aime le match de football et la sortie au cinéma. J'adore le sport et donc j'aime la promenade en vélo, mais je ne sais pas nager!

– *Qu'est-ce que tu veux faire dimanche soir?*
J'aimerais bien discuter avec ta famille et peut-être jouer aux cartes après avoir mangé.

– *Tu est content(e) d'aller à l'école?*
Les cours d'anglais vont être faciles parce que je vais tout comprendre. Les autres, je pense, vont être difficiles à comprendre.
– *Je suis certain(e) que tu vas te plaire ici chez nous.*

2 MARKS PER FULL ANSWER, 1 MARK PER PARTIAL ANSWER

= 5

Exercise 2

> **TIP**
> Make sure you can describe your daily routine accurately.

L'année dernière, je suis allé(e) en France faire un échange scolaire. Un jour, j'ai dû aller à l'école avec mon correspondant/ma correspondante et je me suis réveillé(e) à six heures et demie, beaucoup plus tôt qu'en Angleterre! Je me suis levé(e) et j'ai pris le petit déjeuner dans la cuisine. J'ai mangé du pain grillé

138

UNIT 8 ANSWERS & TIPS
Section Three

avec du beurre et j'ai bu du chocolat chaud. Je me suis brossé les dents et les cheveux dans la salle de bains et j'ai quitté la maison avec mon correspondant/ma correspondante.

– *Comment es-tu allé(e) à l'école?*
Je suis allé(e) à pied car l'école n'était pas loin de la maison et en arrivant à l'école j'ai rencontré des amis anglais. Les cours ont commencé à huit heures avec anglais et c'était très facile pour moi. Après, c'était informatique et ça aussi c'était bien car les ordinateurs marchent en anglais! Pendant la récréation, j'ai discuté avec mes amis et j'ai mangé un sandwich, car j'avais pris le petit déjeuner de bonne heure.

– *Et après la récréation?*
J'avais encore deux cours: français, ce qui était très difficile pour moi! Je n'ai rien compris! Le quatrième cours était maths et encore une fois je n'ai rien compris. À midi, nous sommes rentré(e)s à la maison de mon correspondant/ma correspondante pour manger. J'ai mangé du pâté en entrée et puis du poulet frites et une glace en dessert. J'ai bu du coca. L'après-midi, je me suis reposé(e) un peu et plus tard je suis allé(e) au centre sportif avec mon correspondant/ma correspondante pour jouer au tennis. Nous avons joué pendant une ou deux heures et puis nous sommes rentré(e)s à la maison. Le soir, nous sommes sorti(e)s au café pour rencontrer des amis et pour boire un verre. Nous avons mangé ensemble et puis nous sommes rentré(e)s vers dix heures. C'était une journée magnifique, même si j'ai dû aller à l'école! Au moins, je n'avais pas de devoirs!

5-6 MARKS FOR COMMUNICATING THE MAIN POINTS, 7-8 MARKS IF YOU ADDED IMAGINATIVE DETAIL

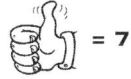

👍 = 7

General conversation 3

> **TIP**
> Don't forget to try and justify the opinions you give.

A Je pense que mon école est très bien. Les bâtiments sont assez modernes et les profs sont bien mais un peu stricts. Si je pouvais, je changerais l'uniforme scolaire. Je sais que c'est bien de ne pas remarquer les différences entre les élèves, mais je préfèrerais porter un jean et un sweatshirt.

J'admire le prof de maths. Il est très sympa et fait bien ses cours. Il a de la discipline mais un sens de l'humour aussi. Quand il corrige nos devoirs, il les rend pour le prochain cours.

Une journée idéale à l'école serait une journée sans sciences mais avec deux heures de sport. J'adore le sport et j'aime passer l'après-midi à jouer au basketball ou à faire de la natation.

UNIT 8

ANSWERS & TIPS

Section Three

Pendant la récréation, je discute avec mes amis dans la cour et je mange un sandwich. Pendant l'heure du déjeuner, je déjeune et après je vais à la bibliothèque faire des recherches sur l'ordinateur. La semaine dernière, j'ai dû faire des recherches pour le prof d'histoire sur la deuxième guerre mondiale.

B La discipline à l'école est bonne. On peut discuter avec les professeurs mais on les respecte et ils nous respectent. C'est très bien. Mon emploi du temps est très chargé mais j'ai choisi d'étudier le sport pour avoir une matière qui n'est pas en salle de classe. En dehors des cours, je fais partie de l'équipe de basketball et de football.

En France, les vacances d'été sont très longues – trop longues je crois. J'aimerais avoir le mercredi après-midi libre mais je ne voudrais pas travailler le samedi matin comme en France. On ne porte pas d'uniforme scolaire en France, et je trouve ça bien. Il y a le pour et le contre, mais je préfère être à l'école en Angleterre.

UNIT 9 ANSWERS & TIPS

Section One

> **TIP**
> Don't forget that correct answers can be only one word!

Exercise 1

(Je travaille) Dans un restaurant.
Je fais la vaisselle.
Samedi.
À onze heures du soir/À vingt-trois heures.
(Je gagne) Cinq livres.
2 MARKS EACH = 10 MARKS

👍 = 6

Exercise 2

(Je travaille) Dans un magasin.
Un magasin de bonbons.
Non. C'est difficile.
(Parce que) J'adore le chocolat.
2 MARKS EACH = 8 MARKS

👍 = 6

Exercise 3

1 Bonjour, Monsieur/Madame.
2 Je voudrais un crayon/un réveil/un classeur/un stylo/une règle.
3 C'est/Ça fait combien?
4 Merci.
5 Au revoir.
2 MARKS EACH = 10 MARKS

👍 = 6

Exercise 4

1 Bonjour, Monsieur/Madame.
2 Je voudrais une chemise/un pantalon/une jupe/des chaussures/une veste.
3 C'est/Ça fait combien?
4 Merci.
5 Au revoir.
2 MARKS EACH = 10 MARKS

👍 = 6

General conversation 1

> **TIP**
> You should be able to communicate the basic information about any job, such as start and finish times.

A Je travaille dans une boulangerie tous les week-ends. Je commence le samedi à cinq heures du matin et je finis à trois heures. Le dimanche, je commence à trois heures du matin et je finis à midi. Je gagne quatre livres par heure et je travaille avec deux autres jeunes.

> **TIP**
> The answers to the second set of questions will expand what you are able to say.

B Mon père travaille dans une banque et ma mère travaille dans une école. Moi, j'aime mon travail et j'achète des magazines et des CDs avec mon argent. Je fais des économies pour mes vacances. Je reçois de l'argent de poche de mes parents – je fais la vaisselle et je lave la voiture.

141

UNIT 9 ANSWERS & TIPS
Section Two

Exercise 1

1 J'ai travaillé dur.
2 Le français.
3 J'ai travaillé dans un supermarché.
4 (J'ai travaillé) Le samedi après-midi.
5 Je veux travailler dans un bureau.

2 MARKS PER CORRECT ANSWER, 1 MARK PER PARTIALLY CORRECT ANSWER

= 6

Exercise 2

Je travaille dans la cuisine d'un restaurant.
(Non,) Je prépare les repas.
Je gagne quatre livres de l'heure/par heure.
J'achète mes vêtements.

2 MARKS PER CORRECT ANSWER, 1 MARK PER PARTIALLY CORRECT ANSWER

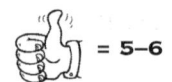

= 5–6

Exercise 3

1 (Je voudrais travailler) Sur la plage/Dans le restaurant/Dans le magasin.
2 À quelle heure dois-je commencer?
3 Lundi/Mardi/Mercredi/Jeudi/Vendredi/Samedi/Dimanche.
4 Où sont les WC?/Où est le téléphone?/Où sont les douches?

2 MARKS PER CORRECT ANSWER, 1 MARK PER PARTIALLY CORRECT ANSWER

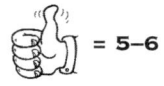

= 5–6

General conversation 2

TIP
Don't forget to look back at the earlier General Conversation section and make sure you can answer all the questions in that section.

A J'ai un travail à temps partiel. Je travaille le vendredi soir et le samedi dans un supermarché au centre-ville. Je gagne quatre livres de l'heure et je pense que pour moi c'est bien payé.

Je voudrais être ingénieur. Je dois aller à l'université et faire des études pendant quatre ans. Après les quatre ans à l'université, je dois trouver une entreprise pour travailler comme ingénieur.

Le week-end dernier, j'ai travaillé au supermarché comme d'habitude. Mon collègue était malade, alors mon patron m'a demandé de travailler le dimanche matin aussi. Il m'a payé le double, et comme c'est bientôt l'anniversaire de mon copain/ma copine, j'ai accepté. J'ai rempli les étagères et j'ai aussi travaillé à la caisse. Le week-end s'est très bien passé.

UNIT 9 ANSWERS & TIPS

Section Two

> **TIP**
> Don't forget that you will need to use past, present and future time frames in this section.

B Je voudrais travailler dans un bureau – je ne veux pas travailler en plein air, et travailler dans un bureau me plaît. Peut-être après l'école je vais travailler dans un grand magasin ou dans une banque.

Je n'aimerais pas travailler comme dentiste ou médecin car je ne peux pas travailler avec les malades. Je trouverais le travail dans une usine ennuyeux, car c'est un travail répétitif.

Pour travailler dans un bureau, il faut avoir beaucoup de patience et aussi être très bien organisé.

Section Three

Exercise 1

– Je voudrais travailler à Ciné Land.
– Je voudrais travailler en France – peut-être dans le magasin à Ciné Land.
– J'ai déjà travaillé dans un magasin en Angleterre le week-end.
– Où est-ce que je vais loger si je travaille pour vous?

2 MARKS PER CORRECT ANSWER, 1 MARK PER PARTIALLY CORRECT ANSWER

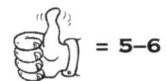

= 5–6

Exercise 2

– Je m'appelle Lee Smythe, j'ai dix-sept ans et je suis britannique.
– Je travaille tous les week-ends dans un restaurant dans mon village.
– Je serai libre à partir du premier juillet.
– Je parle anglais, français et un peu d'allemand.

2 MARKS PER CORRECT ANSWER, 1 MARK PER PARTIALLY CORRECT ANSWER

= 5–6

143

UNIT 9
ANSWERS & TIPS
Section Three

Presentation 3

TIP
You will need to look back to the previous two sections on this topic and make sure that you can answer all the questions.

A J'ai fait un stage en entreprise. J'ai travaillé dans une banque à Bath et mon stage a duré une semaine. J'ai toujours voulu travailler dans une banque, mais mon stage était un peu ennuyeux, car je n'avais ni l'âge ni l'expérience de travailler avec les clients. Je n'ai pas reçu d'argent, mais le patron m'a demandé de revenir la semaine suivante et à la fin de la deuxième semaine, j'ai reçu cinquante livres. Ils m'ont dit que je pouvais travailler dans leur banque quand je quitterai l'école.

Pour l'instant, je ne sais pas si je vais me marier. Je voudrais vivre avec quelqu'un de spécial et je voudrais avoir des enfants, un garçon et une fille. Le problème c'est que j'ai vu beaucoup de couples divorcer et je ne sais pas si je pourrais accepter le divorce.

B
– *Tu vas rester en Angleterre ou vivre à l'étranger? Pourquoi?*
Je ne vais pas rester dans le petit village où j'habite maintenant. Il n'y a rien pour les jeunes et il n'y a pas de travail. Je trouverai du travail dans une grande ville. Si je ne peux pas trouver du travail en Angleterre, j'irai peut-être en Amérique ou en Australie trouver du travail.

– *Est-ce que tu vas voyager?*
J'aimerais bien voyager. J'aimerais visiter la Chine ou le Japon et faire un long voyage en Europe. À l'âge de quarante ans, je travaillerai toujours et je pense prendre ma retraite vers cinquante-cinq ans.

UNIT 10 ANSWERS & TIPS

Section One

Exercise 1

Je me lève à sept heures.
(Je vais) Dans le jardin.
(Je cherches) Des œufs.
(Non, ce sont) Des œufs en chocolat.
Je prends le petit déjeuner.
2 MARKS EACH = 10 MARKS

= 6

Exercise 2

J'aime les vacances.
J'ouvre les cadeaux.
Je regarde la télévision.
Je sors.
2 MARKS EACH = 8 MARKS

= 6

Exercise 3

1 Bonjour, Monsieur/Madame.
2 Je voudrais du café/un tire-bouchon/des bonbons/de la confiture/du fromage.
3 C'est combien?
4 Merci.
5 Au revoir.
2 MARKS EACH = 10 MARKS

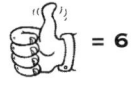

= 6

Exercise 4

1 Bonjour, Monsieur/Madame.
2 Je voudrais des fleurs/du thé/un tableau/une plante/une vase.
3 C'est combien?
4 Merci.
5 Au revoir.
2 MARKS EACH = 10 MARKS

= 6

Presentation 1

TIP

For this topic, you should be able to communicate the basic information about celebrations.

A Mon anniversaire est le dix mars. Je fête mon anniversaire en famille. Normalement, je fais une boum à la maison et j'invite tous mes amis. Ma mère prépare un gâteau. J'écoute de la musique avec des amis et j'aime recevoir de l'argent.

À Noël, je reste à la maison avec ma famille. Souvent je vais au restaurant. J'aime rester en Angleterre et je vais voir mes grands-parents.

B 1h, 2e, 3j, 4a, 5g, 6b, 7i, 8c, 9f, 10d

145

UNIT 10 ANSWERS & TIPS

Section Two

Exercise 1

1 Je suis allé(e) en Afrique.
2 J'ai vu des lions et des zèbres.
3 Je suis resté(e) trois semaines.
4 Il faisait très chaud.
5 En avion.

2 MARKS PER CORRECT ANSWER, 1 MARK PER PARTIALLY CORRECT ANSWER

= 6

Exercise 2

– J'ai fait du ski à Noël.
– C'était bien/très bien/formidable/super/génial.
– En été je vais en France.
– Je nage dans la mer/je reste sur la plage/je joue au volley.

2 MARKS PER CORRECT ANSWER, 1 MARK PER PARTIALLY CORRECT ANSWER.

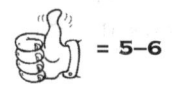

= 5–6

Exercise 3

1 (Je recycle) Les vêtements/le verre/le papier.
2 (Oui,) Dans le jardin/dans la serre.
3 Mon père/ma mère/moi.
4 (Je préfère) Les poireaux/les haricots/les oignons.

2 MARKS PER CORRECT ANSWER, 1 MARK PER PARTIALLY CORRECT ANSWER.

= 5–6

General conversation 2

TIP

Don't forget to look back at the earlier General Conversation section and make sure you can answer all the questions. You will need to use past, present and future time frames in this section.

A La Fête Nationale en France est le quatorze juillet. C'est un jour férié en France – personne ne va au travail. Il y a souvent des feux d'artifice le soir.

J'ai assisté à un mariage ici en Angleterre. C'était très bien. Il y avait la cérémonie à l'église et puis nous sommes allés manger dans un hôtel. Le repas était très bien et après le repas, il y avait les discours. Les discours étaient un peu ennuyeux mais bon, ils n'ont pas duré longtemps!

Quand j'étais petit(e), je fêtais mon anniversaire à la maison avec mes ami(e)s. Ma mère préparait un repas pour mes ami(e)s et moi, souvent des sandwichs et des desserts. Quand j'étais un peu plus grand(e), j'allais au restaurant ou au cinéma ou au théâtre aussi, avec des ami(e)s.

Mon meilleur cadeau était un ordinateur. Un jour, un copain m'a téléphoné pour me dire qu'il allait changer son ordinateur. Il m'a demandé si je voulais son ordinateur. J'ai dit 'oui', bien sûr!

UNIT 10 ANSWERS & TIPS

Section Two

B Pour mon prochain anniversaire, je vais faire un bowling avec des ami(e)s. Après je vais aller à un restaurant italien avec ma famille. Nous aimons tous la cuisine italienne!

Quand j'aurai dix-huit ans je pourrai quitter la maison et aussi j'aurai le droit de voter.

Si je voulais acheter un beau cadeau pour un ami/une amie, j'irais dans un grand magasin à Londres pour l'acheter. Je sais que le cadeau serait plus cher mais il y aurait beaucoup plus de choix. Ce serait aussi une sortie à Londres pour moi! Pour mes grands-parents, c'est toujours difficile. Mon grand-père aime le chocolat et ma grand-mère aime le parfum – j'achète la même chose chaque année.

Section Three

Exercise 1

L'année dernière, je suis allé(e) en France voir mon correspondant/ma correspondante. J'ai quitté la maison le 23 décembre pour prendre l'avion pour Toulouse en France. Je suis arrivé(e) à l'aéroport à dix heures du matin et j'ai attendu une heure et demie avant de monter dans l'avion. Je suis parti(e) juste avant midi et je suis arrivé(e) à l'aéroport de Toulouse un peu plus tard.

Pendant le vol, j'ai joué aux cartes avec un autre passager et j'ai aussi tres bien mangé. J'ai pris du bœuf avec des pommes de terre et un gâteau au chocolat pour mon dessert. Avec le repas, j'ai bu une petite bouteille de vin rouge.

Quand je suis arrivé(e) à Toulouse, mon correspondant/ma correspondante était là et nous sommes allé(e)s chez lui/elle en voiture, car il/elle est plus âgé(e) que moi et il/elle a son permis. Il faisait très froid et la météo annonçait de la neige.

Le lendemain, nous sommes allés faire du ski dans la montagne. Nous avons fait du ski pendant plusieurs heures et puis nous avons mangé. Plus tard nous sommes rentré(e)s et le soir il y avait beaucoup d'amis à la maison. Nous avons mangé un repas traditionnel et puis à minuit, nous sommes tous allés à l'église pour la Messe de minuit.

147

UNIT 10 ANSWERS & TIPS
Section Three

Le jour de Noël nous avons ouvert les cadeaux après le petit déjeuner. On m'a offert des vêtements, car j'aime les vêtements français. On m'a offert aussi des CDs et des cassettes de musique. La mère et la grand-mère de mon correspondant/ma correspondante ont préparé le repas de midi, qui était moins copieux que le repas de la veille. Après avoir mangé, nous avons fait une promenade dans le bois, près de la maison de mon correspondant/ma correspondante. Nous avons passé la soirée en famille après un Noël magnifique!

5-6 MARKS FOR COMMUNICATING MAIN POINTS, 7-8 MARKS IF YOU ADDED IMAGINATIVE DETAIL.

👍 = 7

Exercise 2

1 Je fais du recyclage/Je recycle.
2 (Je recycle) le verre/le papier/le métal/le plastique.
3 Ma mère a planté des arbres.
4 Mon père va au travail à vélo.

2 MARKS PER CORRECT ANSWER, ONE MARK PER PARTIALLY CORRECT ANSWER.

👍 = 6

General conversation 3

TIP
You will need to look back to the previous two sections on this topic and make sure that you can answer all the questions.

A Il y a beaucoup de problèmes qui menacent notre monde. Il y a la pollution et les déchets, les problèmes de l'environnement et des problèmes sociaux comme le tabagisme et l'abus de la drogue.

Pour les animaux, on lutte maintenant contre la cruauté envers les animaux et nous avons des organisations pour la protection des animaux. Nous sommes conscients aussi que nous détruisons les demeures des animaux en coupant du bois et que nous éliminons des espèces en les chassant.

J'ai déjà fait mention de la disparition de la forêt, mais il y a aussi la pollution, y compris les pluies acides, qui menacent la nature. Nous devons faire très attention à ce qu'on fait dans le monde.

Les gaz d'échappement nous posent des problèmes écologiques. Il y a trop de voitures et les routes en sont souvent bondées. On pourrait prendre le train ou le bus, mais nous devons baisser le prix des billets pour encourager les gens à voyager comme ça.

UNIT 10 ANSWERS & TIPS
Section Three

Comment peut-on réduire la violence? Je pense que c'est une attitude personnelle qui vient du cœur de la personne. Si une personne est contente, elle répondra d'une façon non-agressive. Si une personne est pleine de haine, elle répondra d'une façon plus agressive.

TIP
The answers to the second set of questions will help you take this topic even further:

B Il y a des problèmes de santé et des problèmes sociaux. Les fumeurs ont souvent de graves problèmes de santé, y compris le cancer des poumons et de la bouche. Beaucoup de malades dans les hôpitaux ont des problèmes liés au fait qu'ils fument.

Il y a maintenant beaucoup de gens qui ne supportent pas la fumée des cigarettes et il y a aussi des compagnies aériennes qui ne tolèrent plus qu'on fume à bord.

On peut dire la même chose pour l'alcool. On n'a qu'à regarder les images dans les journaux pour voir la violence aux matchs de foot provoquée par l'alcool.

Quant au racisme, je crois que les gens qui sont racistes ont peur de l'inconnu. Ils ne connaissent pas la culture des étrangers et ne veulent pas la connaître. De nos jours les sportifs contribuent beaucoup à une meilleure entente, car beaucoup d'entre eux sont d'origine étrangère.

Pour les chômeurs il y a souvent toutes sortes de problèmes liés au fait qu'ils n'ont pas de travail. Il y a non seulement le manque d'argent et peut-être la perte de la maison familiale, mais il y a aussi un effet psychologique. Le chômeur devient démoralisé et même déprimé du fait qu'il n'a plus de travail. Il se sent inutile.

Il paraît que la drogue est à la base de 70% des crimes: donc il est évident que l'abus de la drogue entraîne non seulement des problèmes médicaux mais aussi de graves problèmes sociaux.

149

TAPESCRIPTS

UNIT 1

Section One

Exercise 1

PEN-FRIEND:		C'est quand ton anniversaire?
YOU:		Mon anniversaire est le douze avril.
PEN-FRIEND:		Et que fait ta mère dans la vie?
YOU:		Elle est médecin.
PEN-FRIEND:		Ah bon? Et ton père, qu'est-ce qu'il fait?
YOU:		Mon père est facteur.
PEN-FRIEND:		Tu as des frères ou des sœurs?
YOU:		J'ai deux frères.
PEN-FRIEND:		Et tu as un animal à la maison?
YOU:		J'ai un cheval.

Exercise 3

SHOPKEEPER:		Bonjour, Mademoiselle.
YOU:		Bonjour, Monsieur.
SHOPKEEPER:		Vous désirez?
YOU:		Je voudrais des fleurs et du parfum.
SHOPKEEPER:		Voilà.
YOU:		C'est combien?
SHOPKEEPER:		Trente francs, s'il vous plaît.
YOU:		Merci.
SHOPKEEPER:		Et voilà votre monnaie.
YOU:		Au revoir, Monsieur.

UNIT 1 TAPESCRIPTS

Section One

Presentation 1

A J'ai seize ans et j'ai un frère qui s'appelle David et une sœur qui s'appelle Suzanne. Mon père s'appelle Richard et ma mère s'appelle Glenys. Mon père travaille dans une usine et ma mère est réceptionniste. Mon meilleur ami s'appelle Steve et il a les cheveux courts et les yeux bleus et il aime la musique rock, comme moi.

B – *C'est quand ton anniversaire?*
Mon anniveraire est le deux août.
– *Comment s'écrit ton prénom?*
Ça s'écrit P A U L.
– *Quelle est ta couleur préférée?*
Ma couleur préférée est le vert.
– *Qu'est-ce que tu aimes boire et manger?*
J'aime le vin et le poulet.
– *Ton père et ta mère, comment sont-ils de caractère?*
Ils sont gentils.
– *Tu t'entends bien avec eux?*
Oui, très bien.
– *Où habite ton meilleur ami?*
Il habite près de chez moi.
– *Quelle sorte de personne est-il?*
Il est sympa.
– *Où l'as tu rencontré?*
Je l'ai rencontré à l'école.

Section Two

Exercise 2

SHOP ASSISTANT:	Bonjour, Monsieur, vous désirez?
YOU:	Je voudrais acheter un cadeau pour ma sœur.
SHOP ASSISTANT:	Oui, Monsieur. Elle a quel âge?
YOU:	Elle a onze ans.
SHOP ASSISTANT:	Et l'année dernière, qu'est-ce que vous avez acheté?
YOU:	J'ai acheté un CD.
SHOP ASSISTANT:	Qu'est ce qu'elle a comme passe-temps?
YOU:	Elle adore les animaux.
SHOP ASSISTANT:	Ce livre, peut-être?
YOU:	Ça fait combien?
SHOP ASSISTANT:	Cent francs, Monsieur.

UNIT 1 TAPESCRIPTS
Section Two

Exercise 3

BOY: Salut! Tu es seule?
YOU: Non, je suis venue avec ma sœur.
BOY: Ta sœur? Comment est-elle?
YOU: Elle a les cheveux blonds et les yeux verts.
BOY: Qu'est-ce qu'elle fait? Elle travaille?
YOU: Oui, elle travaille dans une banque.
BOY: Et qu'est-ce qu'elle fait comme passe-temps?
YOU: Elle joue au squash.

General conversation 2

A
– *Est-ce qu'il y a des disputes à la maison?*
Je m'entends bien avec mes parents mais on se dispute quand-même de temps en temps.
– *À quel sujet?*
On se dispute au sujet des sorties car j'aime rentrer tard, comme mes amis!

B
– *Quelles sont les qualités de ton meilleur ami?*
Mon meilleur ami s'appelle Steve et il a les cheveux courts et les yeux bleus et comme moi, il aime la musique rock. Il aime aller voir des concerts avec moi. Il est très patient et on rigole bien ensemble.
– *Est-ce qu'il a des défauts?*
Son défaut? Il fume et j'ai horreur de ça! Je déteste l'odeur!
– *Qu'est-ce que tu as fait hier soir?*
Nous sommes allés au concert de Radiohead à Birmingham. C'était super et il y avait une très bonne ambiance. Nous y sommes allés en car avec beaucoup d'amis.
– *Le week-end prochain, qu'est-ce que tu vas faire?*
Si je n'ai pas trop de devoirs, on ira au centre-ville faire des courses. J'ai besoin de nouveaux vêtements et les magasins en ville sont très bien. Si j'ai beaucoup de devoirs, on ira seulement au cinéma voir un bon film.
– *Quel film?*
Je ne sais pas encore, mais on aime tous les deux les films d'action!

UNIT 1 TAPESCRIPTS

Section Three

Exercise 1

EMPLOYEE:	Je peux vous aider, Mademoiselle?
YOU:	Je ne peux pas trouver ma correspondante.
EMPLOYEE:	Où et quand aviez-vous rendez-vous?
YOU:	Nous avions rendez-vous près de la sortie à onze heures.
EMPLOYEE:	Pouvez-vous décrire votre amie?
YOU:	Ma correspondante est grande et mince et s'appelle Dominique Lebœuf.
EMPLOYEE:	Et savez-vous ce que porte votre amie?
YOU:	Elle porte un jean bleu et un blouson rouge.
EMPLOYEE:	Très bien, Mademoiselle. On va faire un appel. Attendez ici.

UNIT 2 TAPESCRIPTS

Section One

Exercise 1

PEN-FRIEND: Elle est comment ta maison?
YOU: C'est une grande maison.
PEN-FRIEND: Et il y a combien de chambres chez toi?
YOU: Cinq.
PEN-FRIEND: D'accord. Et comment est ta chambre?
YOU: Elle est petite.
PEN-FRIEND: Qu'est-ce qu'il y a dans ta chambre?
YOU: Une télévision.
PEN-FRIEND: Et que penses-tu de ta chambre?
YOU: J'aime bien ma chambre.

Exercise 2

EMPLOYEE: Bonjour, Monsieur.
YOU: Bonjour, Madame.
EMPLOYEE: Vous désirez?
YOU: Je voudrais un plan de la ville et une liste des hôtels.
EMPLOYEE: Voilà.
YOU: C'est combien?
EMPLOYEE: C'est gratuit – il ne faut pas payer.
YOU: Merci, Madame.
EMPLOYEE: Au revoir et bon séjour!
YOU: Au revoir.

Section Two

Exercise 1

FRIEND: Que fais-tu pour avoir de l'argent de poche?
YOU: J'aide mes parents à la maison.
FRIEND: Et qu'est-ce que tu fais exactement?
YOU: Je fais la vaisselle pendant la semaine.
FRIEND: Tes parents te paient?
YOU: Je gagne cinq livres par semaine.
FRIEND: Que fais-tu de ton argent?
YOU: J'achète des magazines.
FRIEND: Ça, c'est bien.

Exercise 3

FRIEND: Alors, qu'est-ce que tu fais normalement?
YOU: Je me lève à sept heures.
FRIEND: Et après, que fais-tu?
YOU: Je prépare le petit déjeuner.
FRIEND: Et à quelle heure est-ce que tu pars?
YOU: Je quitte la maison à huit heures.
FRIEND: Comment vas-tu à l'école?
YOU: À pied.

UNIT 2 TAPESCRIPTS

Section Two

FRIEND: Comment as-tu aidé à la maison hier?
YOU: J'ai passé l'aspirateur.

Presentation 2

A J'habite une grande maison de onze pièces. Il y a un salon, une salle à manger, une cuisine, un WC, un bureau, deux salles de bains et quatre chambres. La maison se trouve dans un quartier tranquille mais près du centre-ville. J'habite la maison depuis cinq ans. C'est une maison typique du nord de l'Angleterre. Hier, j'ai rangé ma chambre pour aider ma mère, et mon père a préparé le dîner. Ce soir, je vais promener le chien et débarrasser la table.

B
– *Où habitais-tu avant?*
Avant de déménager dans le nord de l'Angleterre, j'habitais un petit village dans le sud. Je préfère la nouvelle maison parce que ma chambre est plus grande et j'aime mon quartier parce qu'il y a beaucoup à faire. Il y a des magasins et un cinéma pas loin et le centre sportif est à dix minutes à pied. Je préférerais habiter une grande ville comme Leeds parce qu'il y aurait beaucoup à faire, mais ce serait difficile de me faire de nouveaux amis dans une grande ville.
– *Voudrais-tu habiter seule?*
Je ne sais pas si je veux habiter seule. J'aime mon indépendance, mais j'aime aussi le contact avec les autres.

Section Three

Exercise 1

L'année dernière je suis allé en France en échange pour la première fois. Mon corres habitait à Laval avec sa famille.
Alors, le douze juillet je suis parti pour la France. J'ai quitté la maison pour prendre le car au centre-ville et je suis arrivé au port trois heures plus tard. Heureusement il ne faisait pas trop chaud, car je n'aime pas trop voyager en car quand il fait vraiment chaud!
– *Comment as-tu traversé la Manche?*
Après être arrivé au port j'ai pris le bateau. De Portsmouth à Caen c'est un trajet de six heures et j'avais de la chance que la traversée était agréable. Pendant la traversée j'ai écouté de la musique et j'ai lu un livre que mon père m'a offert. Je suis allé au restaurant dans le bateau et j'ai mangé du poisson et des frites. J'adore ça! Comme

UNIT 2 TAPESCRIPTS
Section Three

dessert, j'ai pris une tarte aux fraises (c'était un bateau français) qui était vraiment délicieuse. Comme boisson, j'ai pris de l'eau, car je ne voulais pas être malade en arrivant en France.
– *Qu'est-ce que tu as fait, en arrivant en France?*
En descendant du bateau, j'ai rencontré mon corres et sa famille. Nous sommes allés chez eux en voiture. Nous n'avons pas parlé dans la voiture parce que je me suis endormi, car j'étais très fatigué après le voyage. En arrivant chez mon corres, je me suis douché et nous avons dîné: c'était tres bon!
– *Et tu as discuté avec ton corres?*
Oui, bien entendu. J'ai expliqué que j'aimais le sport et que je jouais au foot en hiver et au tennis en été. Je lui ai dit aussi que j'aimais aller au café et aux concerts avec mes copains. J'ai aussi expliqué que je gagnais cinq livres par semaine en faisant des tâches ménagères. Je fais la vaisselle les jours de la semaine et je passe l'aspirateur le week-end. Ce n'est pas marrant, mais j'aime gagner de l'argent! J'ai aussi expliqué que la maison était à côté de l'hôpital, mais que les ambulances ne faisaient pas trop de bruit!

General conversation 3

– *Comment serait ta maison idéale?*
Ma maison idéale serait à l'étranger parce que j'adore le soleil et il n'y a pas assez de soleil en Angleterre. Elle serait peut-être en France ou en Espagne et elle serait assez grande pour moi et toute ma famille. Il y aurait un grand salon, plusieurs chambres pour les invités et aussi une grande piscine dans le jardin.
– *Serait-il important d'habiter près de tes parents?*
Mes parents pourraient venir passer les vacances à la maison ou peut-être deux mois, s'ils voulaient. Je ne veux pas être tout le temps avec eux ou habiter trop près. Mais c'est important de garder le contact! Ma maison serait près d'une bonne école pour mes enfants et aussi près des magasins. Je n'aimerais pas vivre à la campagne car ce serait trop calme pour moi.
– *Tu auras donc des enfants?*
Oui, j'aurai des enfants. Quand mes enfants seront assez âgés, ils m'aideront à la maison. Je crois que c'est important qu'ils apprennent à faire les tâches ménagères pour être plus indépendants et responsables dans l'avenir.

UNIT 3 TAPESCRIPTS

Section One

Exercise 2

YOU: Bonjour, Madame.
EMPLOYEE: Bonjour, Mademoiselle.
YOU: Je voudrais jouer au tennis et faire de la natation.
EMPLOYEE: Très bien, Mademoiselle.
YOU: C'est combien?
EMPLOYEE: Le tennis, c'est quarante francs l'heure et la piscine, c'est dix francs l'entrée.
YOU: Merci.
EMPLOYEE: Je vous en prie, Mademoiselle.
YOU: Au revoir.
EMPLOYEE: Au revoir.

General conversation 1

A J'aime la musique pop et je préfère jouer au football. Je regarde beaucoup la télévision le week-end. Je préfère regarder les films d'action. Comme passe-temps, j'adore nager.

B Mon passe-temps favori est la natation: je vais à la piscine trois fois par semaine. Je joue aussi au foot et le dimanche, je joue dans une équipe. J'aime la musique pop mais je ne sais pas jouer d'un instrument de musique. Mon groupe préféré est Blur et j'ai vu le groupe en concert à Birmingham. À la télé j'aime regarder les films, surtout les films d'action, mais je préfère être active.

Section Two

Exercise 1

FRIEND: Alors, qu'est-ce que tu fais normalement le week-end?
YOU: Je fais du foot le week-end.
FRIEND: Et avec qui est-ce tu joues?
YOU: Normalement je joue dans une équipe.
FRIEND: Et quand fais-tu tes devoirs?
YOU: Je fais mes devoirs avant.
FRIEND: Et tu joues combien d'heures par semaine?
YOU: Huit heures.
FRIEND: Qu'as-tu fait le week-end dernier?
YOU: J'ai joué au ping-pong.

UNIT 3 TAPESCRIPTS
Section Three

Exercise 1

EXCHANGE: Qu'est ce que tu voudrais faire?
YOU: Je voudrais visiter les monuments.
EXCHANGE: Qu'est-ce que tu voudrais acheter?
YOU: Je voudrais acheter des cadeaux pour ma famille.
EXCHANGE: Et que voudrais-tu faire le soir?
YOU: Je voudrais aller dans une discothèque.
EXCHANGE: C'est bien possible: on pourrait aller à Paris.

Presentation 3

Il faut dire que je suis très sportif. Quand j'étais petit mes parents m'ont encouragé à faire du sport et je faisais partie d'une équipe de football. J'aimais l'eau aussi et j'ai vite appris à nager. J'ai gagné beaucoup de prix dans des concours de natation. Je n'aime pas tellement lire mais quand j'ai un moment de libre, je regarde la télévision à la maison.

Samedi dernier, comme il faisait beau, je suis sorti avec des amis en ville faire des achats. On s'est bien amusé ensemble et j'ai acheté de nouveaux vêtements et des CDs. Nous avons mangé chez McDonald – il y avait beaucoup de monde mais nous avons réussi à trouver une table libre et nous avons mangé des hamburgers. C'était délicieux!
Samedi soir, il y avait une boum chez une copine. Alors, en rentrant chez moi, j'ai pris une douche et je me suis bien habillé pour la boum. Je suis arrivé à la boum à huit heures et demie et il y avait déjà beaucoup de monde. C'était super! J'ai dansé et j'ai bien mangé et j'ai bien bu. J'avais le temps aussi de discuter avec tous mes copains et comme il n'y avait pas trop d'alcool, personne n'était ivre. J'ai quitté la maison de ma copine vers deux heures du matin et je suis rentré chez moi à pied car ce n'était pas loin.
– Et le dimanche?
Le dimanche, je n'ai pas fait grand-chose. J'ai fait la grasse matinée et je me suis levé pour manger à une heure. L'après-midi, j'ai lavé la voiture pour mon père car il me paie cinq livres chaque semaine, et puis le soir j'ai fait mes devoirs (surtout les devoirs de français), j'ai regardé la télé et puis je me suis couché de bonne heure.
– Et le week-end prochain?
Le week-end prochain je vais voir mes grands-parents au bord de la mer. Ils habitent à Folkestone et nous n'allons pas les voir

UNIT 3 TAPESCRIPTS
Section Three

souvent. Nous mangerons bien car ma grand-mère est très bonne cuisinière et mon grand-père me donne toujours de l'argent!
– *Est-ce que tu feras des sorties?*
Sans doute je regarderai la télévision et je lirai un magazine. Peut-être j'irai au centre-ville faire des courses ou j'irai au cinéma car je ne veux pas rester enfermé toute la journée. Peut-être nous prendrons un Shuttle pour aller en France – ce n'est pas cher si on part après six heures du soir. Ce sera bien de manger dans un restaurant en France car mes parents aiment bien la cuisine française!
– *Et en rentrant chez toi?*
Je rentrerai chez moi le dimanche après-midi et sans doute je resterai chez moi. S'il fait beau, j'irai au parc jouer au foot avec des copains, mais autrement j'écouterai des cassettes.

UNIT 4 TAPESCRIPTS

Section One

Exercise 1

RECEPTIONIST: Bonjour, Mademoiselle.
YOU: Avez-vous une chambre de libre?
RECEPTIONIST: Oui, c'est pour combien de personnes?
YOU: C'est pour deux personnes.
RECEPTIONIST: D'accord. Et pour combien de temps?
YOU: C'est pour trois nuits.
RECEPTIONIST: Vous voulez quelle sorte de chambre?
YOU: Une chambre avec douche.
RECEPTIONIST: C'est tout à fait possible, Mademoiselle.
YOU: C'est combien?

Exercise 2

RECEPTIONIST: Bonjour, Monsieur.
YOU: Avez-vous une chambre de libre?
RECEPTIONIST: Oui, Monsieur.
YOU: Vous avez une chambre avec bain?
RECEPTIONIST: Il y a une douche dans toutes les chambres.
YOU: C'est combien?
RECEPTIONIST: C'est trois cents francs par chambre.
YOU: Le petit déjeuner est à quelle heure?
RECEPTIONIST: De sept heures à dix heures.

Presentation and discussion 1

– *Pour ta présentation, parle-moi de tes vacances. Où vas-tu en vacances?*
Je vais en vacances en France. Normalement je vais en voiture avec ma famille. Je reste deux semaines et d'habitude je joue sur la plage et je nage dans la mer. Il y a des bars et des boîtes de nuit pour sortir le soir.
– *Que fais-tu sur la plage?*
Je prends un bain de soleil et je nage dans la mer.
– *Tu aimes jouer au volleyball et au football?*
J'aime jouer au volleyball, mais je n'aime pas du tout le football.
– *Qu'est-ce que tu manges normalement?*
Normalement, je mange la nourriture anglaise!
– *Tu aimes prendre un bain de soleil?*
Oui, j'aime me bronzer.
– *Qu'est-ce que tu aimes visiter?*
Je n'aime pas trop les musées, mais j'adore danser et aller dans les discothèques.
– *Tu préfères la France ou l'Angleterre?*
Je préfère la France – il fait plus chaud!

UNIT 4 TAPESCRIPTS

Section One

– *Où es-tu allée en vacances l'année dernière?*
Je suis allée en France.
– *Comment as-tu voyagé?*
J'ai voyagé en voiture et en bateau.
– *Quel temps faisait-il?*
Il faisait chaud et beau.

Section Two

Exercise 1

RECEPTIONIST: Bonjour, Monsieur. Vous désirez?
YOU: J'ai fait une réservation.
RECEPTIONIST: C'est quelle sorte de chambre, Monsieur?
YOU: Pour cinq personnes. Je voudrais une douche.
RECEPTIONIST: Et vous restez combien de temps?
YOU: Trois jours.
RECEPTIONIST: Vous voulez d'autres renseignements?
YOU: Il y a un ascenseur?
RECEPTIONIST: Oui, bien sûr. Il y a autre chose, Monsieur?
YOU: Vous fermez à quelle heure?
RECEPTIONIST: On ferme la porte principale à minuit. N'oubliez pas votre clé!

Exercise 2

RECEPTIONIST: Bonjour, Mademoiselle. Vous êtes combien de personnes?
YOU: Nous sommes deux adultes et deux enfants.
RECEPTIONIST: Et les enfants, ils ont quel âge?
YOU: Douze ans et quinze ans.
RECEPTIONIST: D'accord, et vous restez combien de temps?
YOU: Une semaine.
RECEPTIONIST: Sans problème.
YOU: Il y a une douche ou une baignoire dans la chambre?
RECEPTIONIST: Il y a une douche dans toutes les chambres.

UNIT 4 TAPESCRIPTS
Section Two

General conversation 2

– *Où est-ce que tu iras cette année?*
Je vais aller en Grèce! Je vais voyager avec mes copains et nous allons y passer trois semaines.

– *Iras-tu avec tes parents? Pourquoi pas?*
J'aimais passer des vacances avec mes parents, mais maintenant que je suis plus âgée, je préfère passer les vacances avec mes amis. Je suis allée en vacances avec des amis l'année dernière et mes parents m'ont fait confiance.

– *Quel temps fera-t-il?*
Il fera beau, j'espère. Je ne resterai pas tout le temps au soleil car je prends facilement un coup de soleil! Je deviens rouge comme une tomate!

– *Est-ce que tu voudrais aller en Amérique?*
Oui. Beaucoup de mes amis sont allés en Amérique et ils ont tous dit que c'était très bien. Tout le monde a passé de très bonnes vacances et moi, je vais faire des économies pour me payer ce voyage un jour.

– *Qu'est-ce que tu feras en Amérique?*
J'irai à Disney – ce sera la première fois pour moi. Nous passerons quatre jours à Disney et passerons une semaine à la plage.

– *Est-ce qu'il y a d'autres pays que tu voudrais visiter?*
Je ne suis jamais allée en Australie et je voudrais y passer quelques semaines pour voir une partie du pays. J'ai des amis qui y sont allés il y a deux ans et ils m'en ont tellement parlé que j'ai décidé d'y aller aussi.

– *Si tu gagnais à la Loterie, où irais-tu en vacances?*
Si je gagnais à la Loterie, je ferais le tour du monde en avion, car il y a beaucoup de pays que je voudrais visiter.

– *Avec qui irais-tu?*
Si j'avais beaucoup, beaucoup d'argent, j'offrirais le voyage à mes parents et à mon frère aussi.

– *Quelles seraient tes vacances idéales? Pourquoi?*
Mes vacances idéales seraient très longues, peut-être trois ou quatre mois. Je ferais un tour du monde et je resterais dans les pays chauds!

UNIT 4 TAPESCRIPTS
Section Three

Exercise 1

L'année dernière, au mois de juillet, je suis allé en France avec ma famille. Nous avons décidé d'y aller en voiture. Un jour, un vendredi je crois, nous sommes partis en voiture pour aller au port. Il faisait beau temps le jour de notre départ et tout le monde a dit que c'était un bon début de nos vacances.

Mon père a conduit jusqu'à Douvres, mais en route nous nous sommes arrêtés à une station-service. Tout le monde a mangé quelque chose et mon père a fait le plein d'essence.

– *Qu'est-ce que tu as mangé?*

J'ai mangé du poulet et des frites avec des haricots et j'ai bu du coca. Mon frère a mangé exactement pareil et mes parents ont pris du steack et ils ont bu de la limonade.

Nous sommes arrivés au port et nous avons vu notre bateau. Quinze minutes plus tard, nous sommes montés dans le bateau et nous avons garé la voiture. Nous avons trouvé des places et nous nous sommes installés. Un peu plus tard, nous avons décidé de faire un tour car nous savions que notre voyage allait durer cinq heures.

Mes parents sont allés aux magasins où ils ont acheté des boissons et du parfum. Mon frère et moi, nous avons fait un tour, puis nous avons joué aux cartes et nous avons écouté de la musique. Nous avons décidé de ne pas aller au cinéma, car le film était un dessin animé et nous n'aimons pas ça!

Nous sommes arrivés en France et nous avons commencé notre voyage vers Laval. Mon père conduisait à droite avec un peu de difficulté! Nous sommes passés devant un zoo et nous nous sommes arrêtés pour le visiter.

– *Qu'est-ce que vous avez vu?*

Nous avons vu beaucoup d'animaux, mais mon animal favori c'était le lion. Il y avait trois ou quatre lions dans le zoo et ils étaient magnifiques! Nous sommes restés au zoo pendant trois heures et puis nous sommes repartis. Nous sommes passés devant un château et comme mon père était un peu fatigué, nous nous sommes arrêtés pour faire un pique-nique. C'était super! Nous avons mangé des sandwichs, des chips et des gâteaux. Nous avons bu du coca encore une fois. Une demi-heure plus tard, nous avons continué notre voyage vers Laval – c'était un très bon début de vacances.

163

UNIT 5 TAPESCRIPTS

Section One

Exercise 2

CHEMIST:	Bonjour, Mademoiselle. Qu'est-ce qui ne va pas?
YOU:	J'ai mal à la tête.
CHEMIST:	Et qu'est-ce que vous voulez, Mademoiselle?
YOU:	Je voudrais de l'aspirine.
CHEMIST:	Voilà.
YOU:	C'est combien?
CHEMIST:	Cela vous fait vingt francs, Mademoiselle.
YOU:	Au revoir, Monsieur.
CHEMIST:	Au revoir, Mademoiselle.

Exercise 3

CHEMIST:	Bonjour, Monsieur.
YOU:	Bonjour, Monsieur.
CHEMIST:	Que désirez-vous?
YOU:	Je voudrais du dentifrice et une brosse à cheveux.
CHEMIST:	Voilà.
YOU:	C'est combien?
CHEMIST:	Cela vous fait vingt-cinq francs.
YOU:	Merci, Monsieur.
CHEMIST:	Et voilà votre monnaie.
YOU:	Au revoir.
CHEMIST:	Au revoir, Monsieur.

Section Two

Exercise 1

DOCTOR:	Bonjour, Mademoiselle. Qu'est-ce qui ne va pas?
YOU:	J'ai vomi.
DOCTOR:	Et quels sont vos symptômes?
YOU:	J'ai de la fièvre et j'ai mal à la tête.
DOCTOR:	Et depuis combien de temps vous sentez-vous malade?
YOU:	Depuis deux heures.
DOCTOR:	D'accord.
YOU:	C'est grave?
DOCTOR:	Je pense que je vais vous donner des comprimés.
YOU:	Il faut en prendre combien par jour?
DOCTOR:	Trois par jour, Mademoiselle.

UNIT 5 TAPESCRIPTS
Section Two

Exercise 3

EMPLOYEE: Je peux vous aider, Monsieur?
YOU: J'ai perdu mon manteau.
EMPLOYEE: Oui, et où exactement?
YOU: Je l'ai perdu dans le café.
EMPLOYEE: Vous pouvez m'en faire une description?
YOU: Il est noir et long.
EMPLOYEE: Je vais regarder … non, il n'y a rien comme ça en ce moment.
YOU: Quand est-ce que je dois revenir?
EMPLOYEE: Je vous conseille de revenir demain, Monsieur.

General conversation 2

A Normalement, je ne bois pas beaucoup de café parce que je deviens trop stressée et j'essaie de manger d'une façon équilibrée. Je ne mange pas trop de choses sucrées parce que c'est mauvais pour les dents. Je mange des fruits et des légumes et je bois du lait car c'est plein de calcium. Je vais chez le dentiste une fois tous les six mois – j'y suis allée pour la dernière fois la semaine dernière. Je n'avais rien aux dents! Je suis allée chez le médecin pour la dernière fois quand j'avais douze ans. J'avais l'appendicite et je suis restée à l'hôpital pendant trois jours. Ce n'était pas mal et j'ai mangé beaucoup de glace!

B J'irais chez le médecin si j'étais malade, mais pas si j'étais simplement enrhumée. J'irais chez le dentiste si j'avais mal aux dents, mais j'y vais quand même tous les six mois. Si je voulais acheter de l'aspirine ou des pastilles pour la gorge, j'irais à la pharmacie. Si je voyais un accident, je téléphonerais à l'ambulance et à la police et je resterais avec les blessés, s'il y en avait. S'il y avait un incendie chez moi, je téléphonerais aux pompiers et je sortirais de la maison. Je vérifierais qu'il n'y avait personne dans la maison.

UNIT 5 TAPESCRIPTS
Section Three

Exercise 2

EMPLOYEE: Je peux vous aider, Monsieur?
YOU: J'ai perdu mon sac.
EMPLOYEE: Vous pouvez décrire le sac et le contenu?
YOU: Mon sac est bleu et assez grand. Dedans il y avait des vêtements et une serviette.
EMPLOYEE: D'accord. Où l'avez vous vu pour la dernière fois?
YOU: J'ai vu mon sac pour la dernière fois ce matin à la gare.
EMPLOYEE: Vous pouvez me donner quelques détails personnels?
YOU: Je m'appelle Weston: W E S T O N et j'habite chez mon correspondant, au 11, rue de la Gare.
EMPLOYEE: Je vais vous contacter si on trouve votre sac.

General conversation 3

A Un fumeur peut avoir beaucoup de problèmes médicaux. Il peut avoir des cancers de la gorge, de la bouche ou des poumons. Il peut avoir aussi les doigts jaunes et une mauvaise haleine. Chez les buveurs il y a les maladies des reins et aussi la possibilité de l'alcoolisme. On peut boire avec des amis mais il faut savoir quand s'arrêter sans devenir ivre.
Quant aux drogues, c'est tout à fait une autre question. Les drogues sont très dangereuses pour la santé: on ne peut pas vivre d'une façon normale et on ne voit pas les choses de la même façon que les autres. Cela coûte très cher et souvent on vole pour acheter des drogues. Parfois on peut prendre des drogues pour supprimer de graves douleurs.
On mange les fruits et les légumes pour avoir des vitamines. On dit aussi que manger cinq fruits ou légumes frais par jour aide à empêche le cancer. Pour avoir la forme, il faut avoir un régime équilibré et faire de l'exercice.

B L'exercice physique est important pour la circulation du sang et pour développer les muscles. Parfois il y a des inconvénients – ce n'est pas amusant de faire du sport quand il pleut ou quand il fait froid.
Sans être dans une équipe, on peut faire des randonnées ou promener son chien. On peut jouer au squash ou au badminton. La natation aussi est très bonne pour la forme. Un sportif doit faire attention à ce qu'il mange: il faut avoir dans son régime assez de protéines et d'hydrates de carbone. Même les personnes âgées peuvent jouer aux boules ou faire des randonnées.

UNIT 6 TAPESCRIPTS

Section One

Exercise 1

EMPLOYEE: Je peux vous aider, Monsieur?
YOU: Je voudrais un plan de la ville.
EMPLOYEE: Oui, voilà votre plan, Monsieur.
YOU: Il y a une banque?
EMPLOYEE: Oui, il y a une banque.
YOU: Ça ouvre à quelle heure?
EMPLOYEE: Ça ouvre à partir de neuf heures, Monsieur.
YOU: Pour aller à la banque?
EMPLOYEE: Vous continuez tout droit, Monsieur.
YOU: Il y a un parking?
EMPLOYEE: Oui, il y a un parking gratuit.

Exercise 2

EMPLOYEE: Qu'est-ce que vous désirez, Mademoiselle?
YOU: Deux cartes postales, s'il vous plaît.
EMPLOYEE: Voilà. Voulez-vous autre chose?
YOU: Je voudrais des timbres.
EMPLOYEE: Oui. C'est pour quel pays, Mademoiselle?
YOU: C'est pour l'Angleterre.
EMPLOYEE: Ça fait 15 francs. Voulez-vous d'autres renseignements?
YOU: Où est la boîte aux lettres?
EMPLOYEE: Devant la Poste à droite, Mademoiselle.

General conversation 1

A Il y a beaucoup de magasins près de chez moi. J'aime les magasins de sport. Je fais mes achats dans un supermarché et j'achète la nourriture aussi dans un supermarché. J'achète mes vêtements dans les grands magasins. Je n'aime pas aller dans les magasins avec mes parents. Pour Noël je vais acheter des vêtements et du chocolat pour mon ami.

B Je préfère le magasin de musique, car j'aime la musique. C'est un magasin où il y a beaucoup de choix. J'aime les magasins dans les grandes villes. J'achète la viande dans une boucherie. J'achète la nourriture dans un supermarché. Je n'achète pas de vêtements de marque – ils sont trop chers.

UNIT 6 TAPESCRIPTS

Section Two

Exercise 2

EMPLOYEE:	Vous désirez, Monsieur?
YOU:	Je voudrais cinq timbres.
EMPLOYEE:	C'est pour où, Monsieur?
YOU:	C'est pour l'Angleterre.
EMPLOYEE:	Cela vous fait quinze francs.
YOU:	J'ai un billet de cinq cents francs.
EMPLOYEE:	Pas de problème.
YOU:	Où est la boîte aux lettres?
EMPLOYEE:	Devant le bâtiment, Monsieur.

Exercise 3

EMPLOYEE:	Vous désirez, Mademoiselle?
YOU:	Je voudrais acheter un pullover.
EMPLOYEE:	Oui, et vous faites quelle taille?
YOU:	Une grande taille.
EMPLOYEE:	Et en quelle couleur?
YOU:	Rouge.
EMPLOYEE:	Et comment allez-vous payer?
YOU:	Je vais payer avec une carte de crédit.

Section Three

Exercise 2

EMPLOYEE:	Je peux vous aider, Monsieur?
YOU:	Le pullover est trop grand.
EMPLOYEE:	Quand l'avez-vous acheté?
YOU:	Je l'ai acheté hier.
EMPLOYEE:	D'accord. Que désirez-vous, Monsieur?
YOU:	Je voudrais un autre pullover.
EMPLOYEE:	Désolé, nous n'en avons plus en stock.
YOU:	Je voudrais être remboursé.
EMPLOYEE:	Pas de problème, Monsieur.

General conversation 3

A
– *Où est-ce que tu fais tes achats?*
Normalement, je fais mes achats dans une grande ville. Je préfère faire du shopping dans une grande ville parce que les magasins sont plus grands et moins chers. Il y a beaucoup de choix dans les grands magasins, mais il y a aussi beaucoup de monde. Dans les petits magasins dans les villages ou les petites villes, les gens connaissent leurs clients et parfois on est mieux servi. Souvent il

UNIT 6 TAPESCRIPTS
Section Three

n'y a pas le même choix que dans les grands magasins et les articles sont souvent plus chers.
– *Est-ce que tu achètes des vêtements de marque?*
J'aime acheter des vêtements de marque de temps en temps. Je ne peux pas m'en payer beaucoup, mais j'aime en avoir pour les soirées et les concerts. Je ne peux pas les porter à l'école car je ne veux pas les perdre.
– *Préfères-tu les grands supermarchés ou les magasins spécialisés?*
J'achète tous mes vêtements dans les magasins spécialisés car il y a beaucoup de choix et les articles sont bien faits. Pour l'alimentation, nous allons dans une grande surface, parce que c'est moins cher et il y a beaucoup de variété.

B

– *Quels sont les inconvénients d'avoir des vêtements de marque?*
Les vêtements de marque sont très bien faits et j'aime bien les porter le week-end et aux boums. Parfois les gens deviennent jaloux et essaient de les voler – c'est pour cette raison que je n'en ai pas beaucoup.
– *Est-ce qu'il y a des avantages quand on fait des achats à l'étranger, en France par exemple?*
Nous allons souvent en France faire des achats. Mon père aime acheter du vin et ma mère aime acheter des produits alimentaires – ils me disent que c'est moins cher qu'en Angleterre. Moi, j'aime bien acheter des bonbons, surtout du chocolat belge.
– *Quels sont les avantages des cartes de crédit?*
Les cartes de crédit sont bien, car on n'a pas besoin d'avoir de l'argent sur soi. Mais l'inconvénient, c'est qu'on peut avoir des problèmes financiers.
– *Est-ce que tu as assez d'argent? Pourquoi? Pourquoi pas?*
J'ai assez d'argent, je pense. Mes parents me donnent de l'argent de poche et je travaille dans un café le week-end pour avoir de l'argent supplémentaire.

UNIT 7 TAPESCRIPTS

Section One

Exercise 1

EMPLOYEE:	Bonjour, Mademoiselle. Qu'est-ce que vous désirez?
YOU:	Je voudrais du fromage.
EMPLOYEE:	Oui, vous en voulez combien, Mademoiselle?
YOU:	Deux cent cinquante grammes.
EMPLOYEE:	Voilà. Et avec cela, Mademoiselle?
YOU:	Des bananes, s'il vous plaît.
EMPLOYEE:	Combien en voulez-vous, Mademoiselle?
YOU:	Trois.
EMPLOYEE:	Voilà. Ce sera tout, Mademoiselle?
YOU:	Oui, merci. Ça fait combien?
EMPLOYEE:	Ça fait vingt francs, Mademoiselle.

Exercise 2

WAITER:	Allô?
YOU:	Je voudrais réserver pour demain soir.
WAITER:	Très bien – pour combien de personnes?
YOU:	Une table pour deux.
WAITER:	Oui. Pour quelle heure, Monsieur?
YOU:	Pour vingt heures.
WAITER:	Très bien. Vous voulez d'autres renseignements?
YOU:	Il y a un parking?

Presentation 1

A Je mange des céréales pour le petit déjeuner et je bois du jus d'orange. Je n'aime pas le café ou le thé. Pour le déjeuner, je mange des sandwichs au fromage ou au jambon et je bois du coca. Pour le dîner, j'aime manger du poisson et des frites et boire de la bière.

B
– *Quels légumes est-ce que tu aimes?*
Je n'aime pas les légumes sauf les tomates et les frites. J'aime manger du fast food.
– *Tu manges de la viande?*
Oui, j'aime le poulet et le porc mais j'aime aussi le poisson. Le poisson-frites, c'est mon repas favori.
– *Tu manges souvent au restaurant?*
Je mange au restaurant de temps en temps. Je préfère la cuisine chinoise.

UNIT 7 TAPESCRIPTS
Section Two

Exercise 2

PEN-FRIEND: Comment as-tu fêté ton anniversaire?
YOU: Je suis allée au restaurant.
PEN-FRIEND: C'était quelle sorte de restaurant?
YOU: Un restaurant italien.
PEN-FRIEND: Qu'est-ce que tu as bu?
YOU: J'ai bu du vin rouge.
PEN-FRIEND: Et c'était cher?
YOU: Mon père a payé.
PEN-FRIEND: Tu as de la chance!

Exercise 3

WAITRESS: Je peux vous aider, Monsieur?
YOU: Je voudrais une table pour quatre personnes.
WAITRESS: Oui, et où voulez-vous vous asseoir?
YOU: À la terrasse.
WAITRESS: Et que voulez-vous boire?
YOU: De la bière.
WAITRESS: Il y a quelque chose qui ne va pas?
YOU: Il manque un couteau.
WAITRESS: Je l'apporte tout de suite, Monsieur.

General conversation 2

A À Noël, j'ai mangé de la dinde avec des pommes de terre et des choux de Bruxelles. C'était très bon et j'ai bu du vin japonais! Ce n'était pas bon – je préfère le vin français. Ma mère a fait la cuisine avec ma grand-mère. J'ai aidé un peu: j'ai mis la table et j'ai préparé les légumes.
J'ai ouvert mes cadeaux avant de manger. Mon frère et ma sœur sont plus jeunes et ils ont voulu ouvrir les cadeaux le plus vite possible. Le soir, nous avons mangé des restes et le gâteau que ma grand-mère a préparé. Je n'aime pas manger ce gâteau car je suis allergique aux noix!

B Un jour, je voudrais essayer la cuisine japonaise. Je ne sais pas si je vais aimer le poisson cru, mais j'aimerais essayer une fois. J'aime manger en famille car il y a une bonne ambiance. Je déteste manger les noix et aussi les légumes, mais j'aime boire du vin. Je préfère le vin blanc – je n'aime pas trop le vin rouge. Je ne peux pas être végétarienne car j'aime beaucoup le fast food.
Pour être en forme, il faut suivre un régime équilibré et pas trop de choses sucrées ou grasses.

UNIT 7 TAPESCRIPTS
Section Three

Exercise 1

WAITER: Allô, Monsieur.
YOU: Quelles sont vos heures d'ouverture, s'il vous plaît?
WAITER: Le restaurant est ouvert de onze heures le matin jusqu'à minuit.
YOU: Est-ce que vous servez des spécialités?
WAITER: Ah oui, nous avons des spécialités régionales. Qu'est-ce que vous aimez manger?
YOU: J'aime manger du poisson.
WAITER: Alors, vous voulez faire une réservation?
YOU: Je voudrais réserver une table pour demain soir à sept heures pour trois personnes.
WAITER: C'est noté. Vous voulez vous asseoir où exactement dans notre restaurant?
YOU: Je voudrais une table près du bar.
WAITER: Comment avez-vous trouvé le nom de notre restaurant?
YOU: Un ami a recommandé votre restaurant.

UNIT 8 TAPESCRIPTS

Section One

Exercise 1

PEN-FRIEND: Le lundi, quel est ton premier cours?
YOU: C'est le français.
PEN-FRIEND: Tu aimes ça?
YOU: Non, je n'aime pas ça.
PEN-FRIEND: Pourquoi?
YOU: C'est difficile.
PEN-FRIEND: Et à quelle heure est-ce qu'il y a une récréation?
YOU: C'est à dix heures.
PEN-FRIEND: Qu'est-ce que tu fais à une heure?
YOU: Je déjeune.

Section Two

Exercise 1

FRIEND: Il y a combien d'élèves à ton école?
YOU: Il y a mille deux cents élèves.
FRIEND: Et que penses-tu de tes professeurs?
YOU: Les professeurs sont gentils.
FRIEND: Que penses-tu de l'uniforme scolaire?
YOU: Je déteste l'uniforme.
FRIEND: L'année dernière, quelle était ta matière préférée?
YOU: La géographie.
FRIEND: Comment as-tu travaillé?
YOU: J'ai travaillé très dur.

Exercise 2

FRIEND: À quelle heure faut-il partir?
YOU: On quitte la maison à huit heures.
FRIEND: Comment est-ce qu'on y va?
YOU: On y va en bus.
FRIEND: Tu y vas seule normalement?
YOU: Normalement, j'y vais avec un ami.
FRIEND: Qu'est-ce qu'il faut porter comme vêtements?
YOU: Il faut porter une chemise blanche et un jean propre.
FRIEND: D'accord, je vais faire comme toi.

UNIT 8 TAPESCRIPTS
Section Two

Presentation 2

A Mon collège, c'est un collège mixte pour les élèves de treize à dix-huit ans. C'est assez moderne avec quatre grands bâtiments et beaucoup de salles et de laboratoires. Il y a aussi quatre salles d'ordinateurs. Ce n'est pas une école privée mais il y a un uniforme scolaire. Je porte une chemise blanche, un pantalon noir et un sweatshirt de l'école. Les garçons portent une cravate. J'aime l'uniforme car je ne dois pas décider comment m'habiller le matin et on ne voit pas les différences entre les élèves. Comme inconvénients, je n'aime pas le sweatshirt et je préfère porter un T-shirt et un jean. L'année dernière, je faisais partie de l'équipe de basketball à l'école. Je passe des examens en neuf matières cette année et en ce moment je travaille très dur.

B
– *L'année prochaine, qu'est-ce que tu vas faire?*
Je vais rester au collège pour étudier l'anglais, l'histoire et les maths. Après cela je vais aller à l'université pour étudier l'anglais.
– *Quel métier veux-tu faire?*
Je voudrais être professeur dans une école primaire parce que j'aime bien travailler avec les petits enfants.
– *Quelle expérience faut-il avoir?*
Il faut avoir travaillé avec les petits et avoir de la patience et un sens de l'humour.

UNIT 8 TAPESCRIPTS
Section Three

Exercise 2

L'année dernière, je suis allée en France faire un échange scolaire. Un jour, j'ai dû aller à l'école avec ma correspondante et je me suis réveillée à six heures et demie, beaucoup plus tôt qu'en Angleterre! Je me suis levée et j'ai pris le petit déjeuner dans la cuisine. J'ai mangé du pain grillé avec du beurre et j'ai bu du chocolat chaud. Je me suis brossé les dents et les cheveux dans la salle de bains et j'ai quitté la maison avec ma correspondante.
– *Comment es-tu allée à l'école?*
Je suis allée à pied car l'école n'était pas loin de la maison, et en arrivant à l'école j'ai rencontré des amis anglais. Les cours ont commencé à huit heures avec anglais et c'était très facile pour moi. Après, c'était informatique et ça aussi c'était bien car les ordinateurs marchent en anglais! Pendant la récréation j'ai discuté avec mes amis et j'ai mangé un sandwich, car j'avais pris le petit déjeuner de bonne heure.
– *Et après la récréation?*
J'avais encore deux cours: français, ce qui était très difficile pour moi! Je n'ai rien compris! Le quatrième cours était maths et encore une fois je n'ai rien compris. À midi nous sommes rentrées à la maison de ma correspondante pour manger. J'ai mangé du pâté en entrée et puis du poulet frites et une glace en dessert. J'ai bu du coca. L'après-midi, je me suis reposée un peu et plus tard je suis allée au centre sportif avec ma correspondante pour jouer au tennis. Nous avons joué pendant une ou deux heures et puis nous sommes rentrées à la maison. Le soir, nous sommes sorties au café pour rencontrer des amis et pour boire un verre. Nous avons mangé ensemble et puis nous sommes rentrées vers dix heures. C'était une journée magnifique, même si j'ai dû aller à l'école! Au moins, je n'avais pas de devoirs!

General conversation 3

A Je pense que mon école est très bien. Les bâtiments sont assez modernes et les profs sont bien mais un peu stricts. Si je pouvais, je changerais l'uniforme scolaire. Je sais que c'est bien de ne pas remarquer les différences entre les élèves, mais je préférerais porter un jean et un sweatshirt.
J'admire le prof de maths. Il est très sympa et fait bien ses cours. Il a de la discipline mais un sens de l'humour aussi. Quand il corrige nos devoirs, il les rend pour le prochain cours.
Une journée idéale à l'école serait une journée sans sciences

UNIT 8 TAPESCRIPTS
Section Three

mais avec deux heures de sport. J'adore le sport et j'aime de passer l'après-midi à jouer au basketball ou à faire de la natation.
Pendant la récréation, je discute avec mes amis dans la cour et je mange un sandwich. Pendant l'heure du déjeuner, je déjeune et après je vais à la bibliothèque faire des recherches sur l'ordinateur. La semaine dernière, j'ai dû faire des recherches pour le prof d'histoire sur la deuxième guerre mondiale.

B La discipline à l'école est bonne. On peut discuter avec les professeurs mais on les respecte et ils nous respectent. C'est très bien. Mon emploi du temps est très chargé mais j'ai choisi d'étudier le sport pour avoir une matière qui n'est pas en salle de classe. En dehors des cours, je fais partie de l'équipe de basketball et de football.
En France les vacances d'été sont très longues – trop longues je crois. J'aimerais avoir le mercredi après-midi libre mais je ne voudrais pas travailler le samedi matin comme en France. On ne porte pas d'uniforme scolaire en France, et je trouve ça bien. Il y a le pour et le contre, mais je préfère être à l'école en Angleterre.

UNIT 9 TAPESCRIPTS

Section One

Exercise 2

FRIEND: Où est-ce que tu travailles?
YOU: Dans un magasin.
FRIEND: C'est quelle sorte de magasin?
YOU: Un magasin de bonbons.
FRIEND: C'est un emploi facile?
YOU: Non. C'est difficile.
FRIEND: Pourquoi?
YOU: J'adore le chocolat.

Exercise 3

EMPLOYEE: Bonjour, Mademoiselle.
YOU: Bonjour, Madame.
EMPLOYEE: Qu'est-ce que vous désirez?
YOU: Je voudrais un classeur et un stylo.
EMPLOYEE: Voilà, Mademoiselle.
YOU: Ça fait combien?
EMPLOYEE: Ça fait vingt francs en tout.
YOU: Merci.
EMPLOYEE: Au revoir, Mademoiselle.
YOU: Au revoir.

General conversation 1

A Je travaille dans une boulangerie tous les week-ends. Je commence le samedi à cinq heures du matin et je finis à trois heures. Le dimanche, je commence à trois heures du matin et je finis à midi. Je gagne quatre livres par heure et je travaille avec deux autres jeunes.

B Mon père travaille dans une banque et ma mère travaille dans une école. Moi, j'aime mon travail et j'achète des magazines et des CDs avec mon argent. Je fais des économies pour mes vacances. Je reçois de l'argent de poche de mes parents – je fais la vaisselle et je lave la voiture.

UNIT 9 TAPESCRIPTS

Section Two

Exercise 2

FRIEND: As-tu un travail?
YOU: Je travaille dans la cuisine d'un restaurant.
FRIEND: Tu fais la vaisselle?
YOU: Non, je prépare les repas.
FRIEND: C'est bien payé?
YOU: Je gagne quatre livres de l'heure.
FRIEND: Que fais-tu de ton argent?
YOU: J'achète mes vêtements.

Exercise 3

SUPERVISOR: Où voulez-vous travailler?
YOU: Je voudrais travailler dans le restaurant.
SUPERVISOR: C'est d'accord.
YOU: À quelle heure dois-je commencer?
SUPERVISOR: À huit heures. Vous aurez un jour de libre – vous préférez quel jour?
YOU: Dimanche
SUPERVISOR: Très bien.
YOU: Où sont les douches?

Section Three

Exercise 1

EMPLOYER: Ciné Land, bonjour!
YOU: Je voudrais travailler à Ciné Land.
EMPLOYER: Oui, j'ai toujours besoin de personnel. Pourquoi voulez-vous travailler ici? Quel travail voulez-vous faire?
YOU: Je voudrais travailler en France – peut-être dans le magasin à Ciné Land.
EMPLOYER: Quelle expérience avez-vous?
YOU: J'ai déjà travaillé dans un magasin en Angleterre le week-end.
EMPLOYER: Avez-vous des questions?
YOU: Où est-ce que je vais loger si je travaille pour vous?
EMPLOYER: Nous avons des chambres sur place pour nos employés.

UNIT 9 TAPESCRIPTS

Section Three

Presentation 3

A J'ai fait un stage en entreprise. J'ai travaillé dans une banque à Bath et mon stage a duré une semaine. J'ai toujours voulu travailler dans une banque, mais mon stage était un peu ennuyeux, car je n'avais ni l'âge ni l'expérience de travailler avec les clients. Je n'ai pas reçu d'argent, mais le patron m'a demandé de revenir la semaine suivante et à la fin de la deuxième semaine, j'ai reçu cinquante livres. Ils m'ont dit que je pouvais travailler dans leur banque quand je quitterai l'école.

En ce moment je ne sais pas si je vais me marier. Je voudrais vivre avec quelqu'un de spécial et je voudrais avoir des enfants, un garçon et une fille. Le problème c'est que j'ai vu beaucoup de couples divorcer et je ne sais pas si je pourrais accepter le divorce.

B
– *Tu vas rester en Angleterre ou vivre à l'étranger? Pourquoi?*
Je ne vais pas rester dans le petit village où j'habite maintenant. Il n'y a rien pour les jeunes et il n'y a pas de travail. Je trouverai du travail dans une grande ville. Si je ne peux pas trouver du travail en Angleterre, j'irai peut-être en Amérique ou en Australie trouver du travail.
– *Est-ce que tu vas voyager?*
J'aimerais bien voyager. J'aimerais visiter la Chine ou le Japon et faire un long voyage en Europe. À l'âge de quarante ans, je travaillerai toujours et je pense prendre ma retraite vers cinquante-cinq ans.

UNIT 10 TAPESCRIPTS

Section One

Exercise 1

FRIEND: Tu te lèves à quelle heure?
YOU: Je me lève à sept heures.
FRIEND: Et où vas-tu?
YOU: Dans le jardin.
FRIEND: Qu'est-ce que tu cherches dans le jardin?
YOU: Des œufs.
FRIEND: Ce sont de vrais œufs?
YOU: Des œufs en chocolat.
FRIEND: Et après, qu'est-ce que tu fais?
YOU: Je prends le petit déjeuner.

Exercise 2

FRIEND: Qu'est-ce que tu aimes à Noël?
YOU: J'aime les vacances.
FRIEND: Le matin, qu'est-ce que tu fais?
YOU: J'ouvre les cadeaux.
FRIEND: Et dans l'après-midi?
YOU: Je regarde la télévision.
FRIEND: Et le lendemain?
YOU: Je sors.

Presentation 1

A Mon anniversaire est le dix mars. Je fête mon anniversaire en famille. Normalement, je fais une boum à la maison et j'invite tous mes amis. Ma mère prépare un gâteau. J'écoute de la musique avec des amis et j'aime recevoir de l'argent.
À Noël, je reste à la maison avec ma famille. Souvent je vais au restaurant. J'aime rester en Angleterre et je vais voir mes grands-parents.

Section Two

Exercise 2

NEIGHBOUR: Où es-tu allé pendant les vacances?
YOU: J'ai fait du ski à Noël.
NEIGHBOUR: Comment étaient les vacances?
YOU: C'était super.
NEIGHBOUR: Où vas-tu en été?
YOU: En été je vais en France.
NEIGHBOUR: Que fais-tu normalement?
YOU: Je nage dans la mer.

UNIT 10 TAPESCRIPTS

Section Two

Exercise 3

PEN-FRIEND: Qu'est-ce que tu recycles?
YOU: Je recycle le papier.
PEN-FRIEND: On cultive des légumes chez toi?
YOU: Dans le jardin.
PEN-FRIEND: Qui cultive les légumes?
YOU: Mon père.
PEN-FRIEND: Quels légumes préfères-tu?
YOU: Je préfère les haricots.

General conversation 2

A La Fête Nationale en France est le quatorze juillet. C'est un jour férié en France – personne ne va au travail. Il y a souvent des feux d'artifice le soir.

J'ai assisté à un mariage ici en Angleterre. C'était très bien. Il y avait la cérémonie à l'église et puis nous sommes allés manger dans un hôtel. Le repas était très bien et après le repas il y avait les discours. Les discours étaient un peu ennuyeux mais bon, ils n'ont pas duré longtemps!

Quand j'étais petite, je fêtais mon anniversaire à la maison avec mes amies. Ma mère préparait un repas pour mes amies et moi, souvent des sandwichs et des desserts. Quand j'étais un peu plus grande, j'allais au restaurant ou au cinéma ou au théâtre aussi, avec des amies.

Mon meilleur cadeau était un ordinateur. Un jour, un copain m'a téléphoné pour me dire qu'il allait changer son ordinateur. Il m'a demandé si je voulais son ordinateur. J'ai dit 'oui', bien sûr!

B Pour mon prochain anniversaire, je vais faire un bowling avec des amis. Après je vais aller à un restaurant italien avec ma famille. Nous aimons tous la cuisine italienne!

Quand j'aurai dix-huit ans je pourrai quitter la maison et aussi j'aurai le droit de voter.

Si je voulais acheter un beau cadeau pour une amie, j'irais dans un grand magasin à Londres pour l'acheter. Je sais que le cadeau serait plus cher mais il y aurait beaucoup plus de choix. Ce serait aussi une sortie à Londres pour moi! Pour mes grands-parents, c'est toujours difficile. Mon grand-père aime le chocolat et ma grand-mère aime le parfum – j'achète la même chose chaque année.

UNIT 10 TAPESCRIPTS

Section Three

Exercise 1

L'année dernière, je suis allé en France voir mon correspondant. J'ai quitté ma maison le 23 décembre pour prendre l'avion pour Toulouse en France. Je suis arrivé à l'aéroport à dix heures du matin et j'ai attendu une heure et demie avant de monter dans l'avion. Je suis parti juste avant midi et je suis arrivé à l'aéroport de Toulouse (Blagnac) un peu plus tard.

Pendant le vol, j'ai joué aux cartes avec un autre passager et j'ai aussi très bien mangé. J'ai pris du bœuf avec des pommes de terre et un gâteau au chocolat pour mon dessert. Avec le repas, j'ai bu une petite bouteille de vin rouge.

Quand je suis arrivé à Toulouse, mon correspondant était là et nous sommes allés chez lui en voiture, car il est plus âgé que moi et il a son permis. Il faisait très froid et la météo annonçait de la neige.

Le lendemain, nous sommes allés faire du ski dans la montagne. Nous avons fait du ski pendant plusieurs heures et puis nous avons mangé. Plus tard nous sommes rentrés et le soir il y avait beaucoup d'amis à la maison. Nous avons mangé un repas traditionnel et puis à minuit, nous sommes tous allés à l'église pour la Messe de minuit.

Le jour de Noël nous avons ouvert les cadeaux après le petit déjeuner. On m'a offert des vêtements, car j'aime les vêtements français. On m'a offert aussi des CDs et des cassettes de musique. La mère et la grand-mère de mon correspondant ont préparé le repas de midi, qui n'était pas si copieux que le repas de la veille. Après avoir mangé, nous avons fait une promenade dans le bois, près de la maison de mon correspondant. Nous avons passé la soirée en famille après un Noël magnifique!

General conversation 3

A Il y a beaucoup de problèmes qui menacent notre monde. Il y a la pollution et les déchets, les problèmes de l'environnement et des problèmes sociaux comme le tabagisme et l'abus de la drogue. Pour les animaux, on lutte maintenant contre la cruauté envers les animaux et nous avons des organisations pour la protection des animaux. Nous sommes conscients aussi que nous détruisons les demeures des animaux en coupant du bois et que nous éliminons des espèces en les chassant.

J'ai déjà fait mention de la disparition de la forêt, mais il y a aussi la pollution, y compris les pluies acides, qui menacent la nature. Nous devons faire très attention à ce qu'on fait dans le monde.

UNIT 10 TAPESCRIPTS
Section Three

Les gaz d'échappement nous posent des problèmes écologiques. Il y a trop de voitures et les routes en sont souvent bondées. On pourrait prendre le train ou le bus, mais nous devons baisser le prix des billets pour encourager les gens à voyager comme ça.

Comment peut-on réduire la violence? Je pense que c'est une attitude personnelle qui vient du cœur de la personne. Si une personne est contente, elle répondra d'une façon non-agressive. Si une personne est pleine de haine, elle répondra d'une façon plus agressive.

B Il y a des problèmes de santé et des problèmes sociaux. Les fumeurs ont souvent de graves problèmes de santé, y compris le cancer des poumons et de la bouche. Beaucoup de malades dans les hôpitaux ont des problèmes liés au fait qu'ils fument. Il y a maintenant beaucoup de gens qui ne supportent pas la fumée des cigarettes et il y a aussi des compagnies aériennes qui ne tolèrent plus qu'on fume à bord.

On peut dire la même chose pour l'alcool. Il y a beaucoup de malades à l'hôpital qui ne peuvent pas se passer de l'alcool. On n'a qu'à regarder les images dans les journaux pour voir la violence aux matchs de foot provoquée par l'alcool.

Quant au racisme, je crois que les gens qui sont racistes ont peur de l'inconnu. Ils ne connaissent pas la culture des étrangers et ne veulent pas la connaître. De nos jours les sportifs contribuent beaucoup à une meilleure entente, car beaucoup d'entre eux sont d'origine étrangère.

Pour les chômeurs il y a souvent toutes sortes de problèmes liés au fait qu'ils n'ont pas de travail. Il y a non seulement le manque d'argent et peut-être la perte de la maison familiale, mais il y a aussi un effet psychologique. Le chômeur devient démoralisé et même déprimé du fait qu'il n'a plus de travail. Il se sent inutile.

Il paraît que la drogue est à la base de 70% des crimes: donc il est évident que l'abus de la drogue entraîne non seulement des problèmes médicaux mais aussi de graves problèmes sociaux.

PROGRESS MONITORING RECORD

As you finish each exercise check in the mark scheme and find out what mark you have scored. Write the mark in the appropriate box, then tick the O.K. box if you have reached a satisfactory mark. If you tick all boxes for one section, try the exercises in the next one.

Unit	PART 1 EX.1 Mk	O.K?	EX.2 Mk	O.K?	EX.3 Mk	O.K?	PART 2 EX.1 Mk	O.K?	EX.2 Mk	O.K?	PART 3 EX.1 Mk	O.K?	EX.2 Mk	O.K?	EX.3 Mk	O.K?
1.	9	✓	7	✓	9	✓										
2.																
3.																
4.																
5.																
6.																
7.																
8.																
9.																
10.																

This page may be photocopied